Contromano

ULTIMI VOLUMI PUBBLICATI

Silvia Dai Pra'
Quelli che però è lo stesso

Tommaso Pincio
Hotel a zero stelle.
Inferni e paradisi di uno scrittore senza fissa dimora

Flavio Santi
Il tai e l'arte di girovagare in motocicletta.
Friuli on the road

Matteo Melchiorre
La banda della superstrada Fenadora-Anzù
(con vaneggiamenti sovversivi)

Gian Luca Favetto
Se dico radici dico storie

Rosella Postorino
Il mare in salita. Da Sanremo a Dolcedo passando per i bricchi

Flavio Soriga
Nuraghe Beach. La Sardegna che non visiterete mai

Rossella Milone
Nella pancia, sulla schiena, tra le mani

Vanni Santoni
Se fossi fuoco, arderei Firenze

Tommaso Giartosio
L'O di Roma. In tondo e senza fermarsi mai

L.R. Carrino
A Neopoli nisciuno è neo

Enrico Brizzi
La legge della giungla

Errico Buonanno
L'eternità stanca.
Pellegrinaggio agnostico tra le nuove religioni

Fabio Genovesi
Morte dei Marmi

Gabriella Kuruvilla

Milano, fin qui tutto bene

Editori Laterza

© 2012, Gius. Laterza & Figli

Prima edizione 2012

www.laterza.it

Questo libro è stampato su carta amica delle foreste,
certificata dal Forest Stewardship Council

Le foto sono di Silvia Azzari

Proprietà letteraria riservata
Gius. Laterza & Figli Spa, Roma-Bari

Finito di stampare nel maggio 2012
SEDIT – Bari (Italy)
per conto della Gius. Laterza & Figli Spa
ISBN 978-88-420-9958-1

Indice

Via Padova	3
Viale Monza	51
Sarpi	93
Corvetto	137
Ringraziamenti	179

Milano, fin qui tutto bene

Via Padova

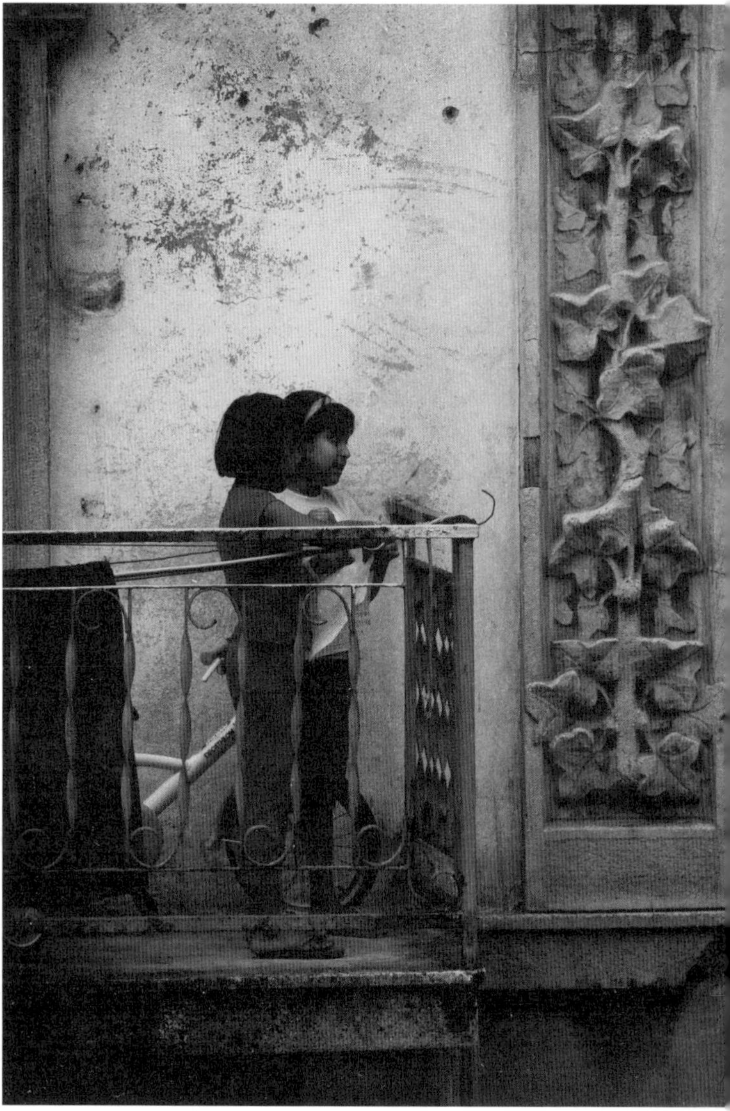

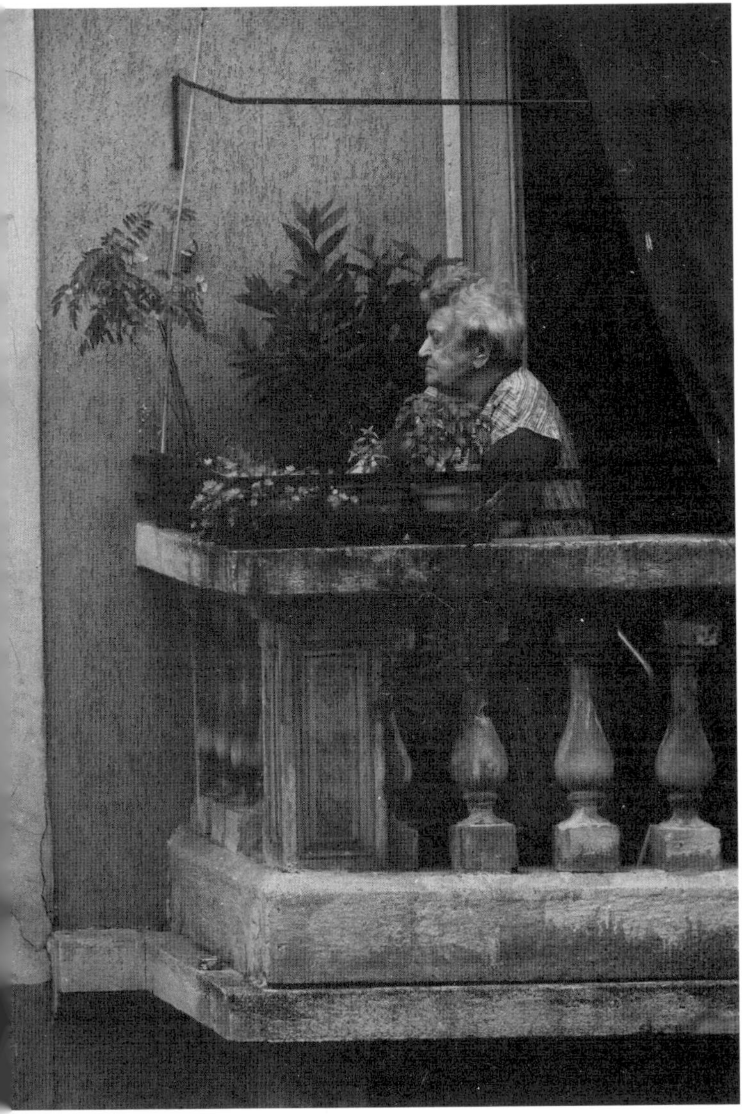

"Via Clitumno 11, citofonare Paola Rossi". Tanto il citofono non funziona, è stato sradicato. Tanto non mi chiamo Paola Rossi, ma Anita Patel. Quindi gli ho dato quel biglietto, sapendo che non riuscirà a scovarmi. Non ho alcuna voglia di rivederlo, forse.

Però è vero che abito in via Clitumno 11. E questo indirizzo, lui, potrebbe anche conoscerlo. Perché non abito in una strada qualsiasi, ma in una traversa di via Padova. Una via piena di immigrati, che ne vedi di tutti i colori. E non abito neanche in una casa qualsiasi, ma in un palazzo di ringhiera. Un palazzo del primo '900, che non è mai stato ristrutturato.

Sto nello sprofondo, direbbero a Roma: che per me che sono nata a Milano vuole dire oltre il fondo, più o meno. Sto in un quartiere popolare, questo è certo. Sto in un posto dove tutti si salutano, e si parlano: è tutto un gran vociare, in tutte le lingue, in questo posto. È come ascoltare una radio che passa continuamente da una frequenza all'altra, mischiando elettronica, jazz, classica, rap, funk, lirica, reggae, pop, techno e drum and bass, con il gracchio di sottofondo anche. E a volte mi vien voglia di spegnerla. Ma non posso, ci sono in mezzo, a questo gran casino: di persone, di tutti i tipi. "Il troppo stroppia", avrebbe detto mia madre.

Così, ogni tanto, come chi durante un'immersione ha bisogno di risalire in superficie per prendere una boccata d'aria che gli permetterà di tornare a nuotare nuovamente sott'acqua, salgo le scale, non avendo l'ascensore, vado sul tetto, uscendo da una botola, mi siedo sulle tegole rotte, tra le cacche di piccioni e le antenne delle televisioni, e guardo via Padova dall'alto. Mi metto nella posizione del loto, un fiore sul cemento. E penso che questo quartiere è sempre stato così, e che certo non sarò io a cambiarlo: anche potendo, non vorrei farlo. Mi piace com'è, ma a volte ho bisogno di prendere le distanze: fare il pieno d'ossigeno, e di polveri sottili, prima di potermi rituffare dentro.

Via Padova mi accoglie, sempre. E io mi sento accolta. C'è da dire che a volte il suo abbraccio è un po' troppo intenso. Via Padova non è che accoglie me perché io sono io, è che via Padova ha sempre accolto tutti: lei si dà a chi la vuole. Certo la devi pagare, magari poco ma la devi pur sempre pagare: come una qualsiasi puttana. Una qualsiasi, vecchia, puttana: che oramai si deve accontentare di una strana clientela, fatta di nostalgici e di avventurieri. Mentre un tempo la volevano tutti, o quasi, perché era piena di fabbriche e di opifici che offrivano lavoro: è stato così che a poco a poco si è saturata di gente. "Chi prima arriva meglio alloggia", avrebbe detto mia madre.

I primi a trasferirsi qui, agli inizi del '900, sono stati i brianzoli, i bergamaschi e i mantovani. Poi, dopo la seconda guerra mondiale, c'è stata l'ondata dei meridionali e dei veneti. E alla fine, dai primi anni '80, ci sono approdati anche gli stranieri: filippini, cinesi, egiziani, peruviani, senegalesi, romeni, marocchini e indiani, soprattutto. Loro, gli ultimi, sono i miei vicini di casa. Come me, vivono nelle abitazioni, spesso fatiscenti, di tutti quegli italiani che appena hanno potuto se ne sono andati, magari dentro le villette a schiera che punteggiano la campagna lombarda: file di cubetti gialli con i tetti marroni, circondati da giardini con qualche albero e qualche fiore e se possibile anche qualche nanetto, scarne riproduzioni di una natura possibile. I nanetti ci stanno per creare l'atmosfera da favola nel bosco, suppongo.

A Milano, infatti, la natura è un'ipotesi: la puoi rintracciare mentre stai in un fazzoletto d'erba e individui una scarna porzione di cielo. E in via Padova mi succede, quando mi siedo sulla mia panchina. Tra vecchi italiani e giovani immigrati: gli abitanti di questa riga di mondo, lunga più di quattro chilometri, che dal quasi centro ti porta all'estrema periferia, che da piazzale Loreto arriva allo svincolo della tangenziale, che dalle vetrine patinate monomarca ti immerge nei campi coltivati ad orto. Alternando con noncuranza case di ringhiera, capannoni industriali, vecchie cascine, palazzi anni '50, buchi edilizi e ville nobiliari. Eh, già: ci sono pure le ville nobiliari. Roba esclusiva però, che davvero in pochi, in via Padova, si possono permettere.

Perché questa strada non è il paese delle meraviglie, e per entrarci non devi seguire il coniglio bianco: ti basta superare due banche, inserite ai piani terra di un palazzo a vetri e di un edificio residenziale, che stanno lì a ricordarti che Milano più che una capitale morale è una capitale economica. Anche se in via Padova puoi vivere, o sopravvivere, pure con pochi soldi. Infatti ci vivo anch'io. E rintraccio la mia ipotesi di natura mentre sto in un fazzoletto d'erba e individuo una scarna porzione di cielo, seduta sulla mia panchina. Ma non è detto che io riesca a sedermi, perché in questa zona l'ozio è possibile, anzi a volte è proprio obbligatorio, quindi la mia panchina è sempre piena. Come il mio bar.

Il mio bar assomiglia alla mia panchina che assomiglia al mio palazzo. In altri palazzi, però, si vive meglio. Questo è il peggiore, forse. "Non c'è limite al peggio", avrebbe detto mia madre. E io faccio di tutto per deluderla, confermando i suoi motti.

Facendo del mio peggio, non faccio molto e dormo poco. "Le ore di sonno devono essere otto", avrebbe detto mia madre. Ma vaglielo a spiegare che qui dentro è impossibile dormire il giusto. Qui il giusto ha altri parametri, altre esigenze e altri ritmi. Qui c'è sempre un andirivieni continuo, rumore non solo di voci ma anche di porte, di sciacquoni, di piatti e di passi. Di gente che abita anche in dieci in venti metri quadri: qui i letti a castello sono più gettonati dei futon e il futon si chiama semplicemente materasso per terra, e lo hanno in molti. Tutti quei molti che entrano ed escono continuamente dai loro appartamenti, e che spesso lavorano a qualsiasi ora del giorno e della notte.

Io mi adeguo ai loro parametri, alle loro esigenze e ai loro ritmi. Anche se io non lavoro, vivo di eredità, con mio figlio: due in venti metri quadri, avessi il letto a soppalco staremmo anche più larghi, io sopra e lui sotto, mentre adesso io ho il futon sul tatami e lui ha il lettino su rotelle, siamo uno di fianco all'altro, accanto all'armadio, al bagno, al tavolo e alla cucina. Siamo sparpagliati sul pavimento, in mezzo agli oggetti. Non c'è privacy, nel mio appartamento.

È per questo che gli ho dato quel biglietto, perché ho bisogno di prendere le distanze. Ho bisogno del letto a soppalco che lui vuole vendermi: "Via Clitumno 11, citofonare Paola Rossi", gli ho scritto. Solo che il citofono non funziona e io non mi chiamo Paola Rossi. In ogni caso è da irresponsabili lasciare il proprio indirizzo a uno sconosciuto qualsiasi: lasciarlo a un ragazzo egiziano incontrato per caso al Leoncavallo è da immaturi. Sicuramente. "Si è giovani una volta sola, ma si può essere immaturi per sempre", ha detto Philip Roth.

A diciotto anni ero matura, secondo la legge, ma anche orfana di entrambi i genitori e proprietaria di un appartamento in piazza Ferravilla: quando mi hanno detto che mamma e papà erano morti in un incidente stradale ho lasciato l'infanzia, insieme alla casa della mia infanzia. Non ci abito più, perché non saprei più come viverci. Ma ci vivo, mettendola in affitto e abitando qui dentro. È un lavoro anche questo, magari non è normale, ma è legale.

E mica tutti un lavoro normale, o per lo meno legale, lo trovano. La povertà è la madre dei reati, d'altronde. È sempre stato così, in questo quartiere anche. In questa strada soprattutto.

Già negli anni '50 via Clitumno, insieme a via Arquà che le sta attaccata, parallela e simile, veniva considerata "la via dei ladri, degli assassini e delle puttane": una fama che si tiene ancora stretta addosso.

Beh, io non rubo, non uccido e non mi vendo, ma altri sì. Fatti loro, comunque. Anche se qui i fatti degli altri ti si appiccicano addosso, attraverso la vista, il tatto, l'olfatto, il gusto e l'udito. I cinque sensi sono sempre sovraesposti, ai fatti degli altri. Ma io gli altri non li giudico. "Chi è senza peccato scagli la prima pietra" è una delle frasi del Vangelo che preferisco, intuizione popolare più che regola religiosa. Io sono atea. Ma vedo, tocco, annuso, assaggio e ascolto. Impossibile non farlo, in questo palazzo, dove tutto si mescola.

Storie intrecciate di ottanta appartamenti di cui trenta sotto sequestro, accalcati uno all'altro e stipati oltre la loro capienza, allineati su più piani a delimitare un rettangolo di cemento, che non è un giardino: non ci sono alberi ma immondizia e non ci sono fiori ma biciclette. Dei nanetti non se ne parla neanche. Però vedo un bambolotto, dentro una voragine, provocata da un incendio e utilizzata come una discarica: tra una catasta di materassi, sedie e televisori rotti spunta la faccia rotonda di un Cicciobello nero, ha ancora il ciuccio in bocca e il vestitino addosso. Potrei prenderlo, lavarlo e regalarlo a mio figlio. Potrei ma non riesco a farlo, mi vergogno.

Mi sento piccola e incapace, mentre sto immobile al centro di questo imbuto che chiamano cortile: alzo la testa torcendomi il collo per vedere il cielo, sono circondata da muri scrostati e ballatoi cadenti, parzialmente nascosti dalle stoffe colorate dei panni stesi all'aria aperta.

Guardo le porte delle case: porte sigillate, porte cementate e porte divelte. Quasi tutte le altre, di porte, sono aperte o accostate, anche la mia lo è. Non perché lo voglia, ma perché la serratura è rotta. Spero che nessuno entri: odio che qualcuno mi venga a trovare all'improvviso. È già tutto troppo promiscuo, tra gli sconosciuti in questo palazzo, perché io possa accettare anche la promiscuità, tra i conoscenti, dentro il mio appartamento. "La discrezione sta bene anche a casa del diavolo", avrebbe detto mia madre.

Sconosciuti e conoscenti: che poi non c'è mai nessuno che conosci veramente.

Chi sono io? "Dimmi come ti chiami e ti dirò chi sei", avrebbe detto mia madre. Io sono una che si fa chiamare Paola Rossi, che poi è il corrispettivo femminile di Paolo

Rossi: solo che io non faccio l'attrice e non faccio ridere, non sono neppure bassa e stralunata, per altro.

Ma un giorno l'ho incontrato Paolo Rossi, il cabarettista non il calciatore e nemmeno un omonimo. Però non mi sembrava un cabarettista, ma solo un padre. Era l'ora dell'aperitivo, o meglio dell'happy hour: l'ora felice in cui bevi un drink e mangi degli stuzzichini, per otto euro circa. E a Milano puoi essere felice per questo. Paolo Rossi, nell'happy hour, forse non era felice, ma stava comunque al bancone di un bar, e beveva e mangiava per otto euro circa, con suo figlio piccolo in braccio. Tutto splendeva, in quel locale, l'acciaio dei tavoli e il cristallo dei bicchieri e le luci delle lampade. Loro due non splendevano, erano, quindi riuscivo a guardarli con calma, senza dover chiudere gli occhi per non restare accecata dalla loro presenza. Che mi si è impressa, addosso.

Da quel momento mi sono fatta chiamare Paola Rossi. Proiettarsi nell'altro e rubarne l'immagine, prendendo a prestito il suo nome. Deve essere quello che ho fatto.

Non ho mai fatto molto altro, del resto. Ho fatto più o meno sempre e solo questo: prendere a prestito. Non solo il nome di un altro.

Diventando orfana sono morta, vivendo di quello che mi hanno lasciato: la casa dei miei genitori e la voce di mia madre. Sono una parassita, degli oggetti e dei pensieri degli altri. Mi approprio dei loro beni, materiali o immateriali che siano. E li uso per stare al mondo, nell'unico posto in cui mi sento accolta: via Padova, quindi.

Anita Patel abita ancora in piazza Ferravilla, Paola Rossi vive da oltre vent'anni in via Clitumno 11.

Esco dal mio palazzo di tutti e vado nel mio bar di tutti. Mio è nostro: non è privato ma è sempre pubblico, in questo quartiere. Quando dici mio comunichi nostro e partecipi a un mondo. Non sempre ti piace, quello a cui partecipi, anche se ti ostini a fare lo spettatore esterno. Ma il contesto ti contamina, sempre. Se non il corpo, almeno la mente. Ed è quello che mi succede ogni volta che passo davanti all'Ambra Hard Movie, una reliquia del passato: con l'avvento di internet, delle pay tv e dei dvd non esistono quasi più i cinema porno. E invece io, tra il mio palazzo e la mia panchina e il mio bar, ce ne ho proprio uno, che non è mio: è aperto tutto l'anno, è specializzato in film gay e ha pure l'aria condizionata. Non gli manca proprio niente. Neanche la clientela, fatta di vecchi italiani e giovani immigrati. Quelli che stanno insieme anche nel mio palazzo, sulla mia panchina e nel mio bar, faticando a trovare un canale di comunicazione possibile. Ma dentro questo cinema invece, tra una poltroncina macchiata e un cesso sporco, un canale di comunicazione possibile lo trovano: solo che si chiama prostituzione. Non sono una bacchettona, è la disperazione insita in questo mercificio di corpi vecchibianchi e giovanineri ad intristirmi. Meglio l'apartheid dei rapporti, piuttosto.

Io non sono né vecchiabianca né giovanenera, sono una via di mezzo. Quarant'anni, meticcia. Un prodotto contraffatto.

Ma non sono un uomo, e non vado all'Ambra Hard Movie. Mi limito a passargli davanti tutti i giorni per andare dal mio palazzo, alla mia panchina, al mio bar: il Lord Bar. A dispetto del nome, dell'aristocrazia inglese qui non c'è nulla: e infatti tutti lo chiamano, affettuosamente, Lurid Bar. Non che sia sporco, anche se pulito non sembra. "Invano si lava il corpo, se non si lava l'anima", avrebbe detto mia madre.

I baristi cinesi mi sorridono, mentre servono Negroni

sbagliati e caffè corretti e io penso che è tutto sbagliato e niente è corretto qui dentro. Il Negroni sbagliato è del trans brasiliano e il caffè corretto è del pusher marocchino. Celebrano così la fine della loro notte di lavoro. Sono i miei vicini di casa e di panchina: ci salutiamo e ci parliamo. Mentre facciamo colazione.

Sono le sette del mattino, non è l'happy hour: bevo un cappuccio e mangio una brioche, spendendo meno di otto euro, stando al bancone del bar con mio figlio piccolo in braccio. Paola Rossi come Paolo Rossi. Solo che intorno a me non splende niente, neppure il sole. Tra poco più di un'ora qui dentro entreranno altre mamme, a fare colazione, dopo aver portato i figli alla scuola del Trotter.

Mio figlio è troppo piccolo per andarci, io ci andavo da piccola. Tutte le mattine, dal lunedì al venerdì, prendevo un pulmino che da sotto casa mi depositava davanti al Trotter: come in un telefilm americano. La mia scuola era un enorme parco con tante casette colorate, e dentro una di quelle casette colorate c'era la mia classe: i tavoli, le sedie e la lavagna. E Francesco, il mio compagno di banco: che era anche un compagno di vacanze e pure un compagno di manifestazioni femministe. Non perché era un compagno, a sei anni, ma perché a quei cortei ci portavano le nostre mamme. Anche se le altre, di mamme, i loro bambini li portavano ai giardinetti a scendere dagli scivoli e a dondolare sull'altalena. E il compagno Francesco me l'ha poi detto, da grande, che un'infanzia passata a sentire tante donne urlare tutte insieme "L'utero è mio e lo gestisco io", gli doveva aver creato qualche problema con l'altro sesso, da grande. Ma adesso che è grande davvero, almeno anagraficamente, perché alcuni di noi quarantenni di oggi sembra spesso che siamo rimasti impigliati intorno ai nostri quattordici anni, dunque adesso che è grande davvero ha una moglie, un figlio e un lavoro. È un uomo risolto, si direbbe. Forse è anche felice. Forse anch'io sono felice, anche se non è l'happy hour, mentre bevo un cappuccio e mangio una brioche, spendendo meno di otto euro, stando al bancone del bar con mio figlio piccolo in braccio. Parlando con il trans brasiliano e il pusher marocchino.

I trans brasiliani e i pusher marocchini c'erano anche al Trotter, un tempo: che non era il tempo della mia infanzia e non è neanche il tempo del presente. Oggi il Trotter è stato ripulito, dal disagio che comunque lo circonda, che si assiepa intorno alle sue mura di protezione e che a volte penetra nelle sue linee di confine: infiltrandosi anche dentro l'ex convitto, una stecca pericolante di cinquemila metri quadri, che divide la scuola da via Padova e che viene usata come dormitorio dai senza tetto. Dentro questa struttura, alla fine degli anni '80, non c'erano barboni distesi tra topi, spazzatura e macerie: c'era il museo dei bambini, ideato dai bambini e realizzato da Bruno Munari. Non c'è più: a ricordo di quell'esperienza sono rimasti solo dei disegni colorati sui muri. Fanno tenerezza, quei disegni. Fa tenerezza anche la fattoria, perché ci prova ma non ci riesce, ad esserlo. Perché di solito una fattoria, almeno nelle favole, contiene animali diversi: tipo la mucca, l'asino, il cavallo e le galline, volendo. La fattoria del Trotter invece, volendo o non volendo, conteneva solo le galline: eravamo a Milano, d'altronde. E quando ero piccola, insieme ai miei compagni di classe, osservavo le galline.

Ci chiedevano di farlo. E poi ci chiedevano di scrivere dei temi che avevano più o meno questo titolo: "Oggi abbiamo osservato bene le galline". Non che le galline le osservassimo male. Ma le galline, si sa, se escludiamo uova, pulcini e un discreto quantitativo di merda, non fanno notoriamente niente. Quindi la dose di creatività che ci veniva richiesta era decisamente alta. Erano gli anni dell'immaginazione al potere, quelli. Quelli in cui potevamo anche trasformare una vasca senz'acqua, chiamata piscina, in una scalcinata pista da skateboard: oggi i sudamericani ci hanno messo una rete nel mezzo e la usano come campo da pallavolo.

Non c'erano neanche i sudamericani, al tempo della mia infanzia. Allora al Trotter erano tutti bianchi. Tranne me: giallina d'inverno, beige scuro in primavera, marrone in estate e beige chiaro in autunno, una quattro stagioni praticamente. Ed ero anche l'unica, nel ricordo, a non essere tutta italiana ma a essere mezza italiana e mezza indiana. Una rarità, mentre oggi è quasi consuetudine: oggi circa la metà degli alunni sono figli di immigrati africani, sudamericani e cinesi, e parlano e giocano e studiano in italiano con i loro compagni italiani, dentro questo enorme parco di centotrentamila metri quadri con dodici casette colorate ricavate quasi tutte nelle ex scuderie.

Perché fino agli anni '20 il Trotter era un ippodromo, solo dopo è diventato una scuola per bambini gracili e tubercolotici: devono avere fatto delle eccezioni, infatti io non ero né gracile né tubercolotica. Neanche i bambini di oggi sono gracili e tubercolotici: li guardo mentre camminano con una grossa cartella sulle spalle, mano per mano con le loro mamme, che si chinano sopra di loro, gli danno un bacio sulle guance e gli accarezzano con le dita i capelli, prima di lasciarli entrare a scuola. E prima di venire a fare colazione al Lurid Bar. È meglio che esca, non ho voglia di incontrarle.

Do cinquanta centesimi a un barbone che si muove tra i clienti del locale come se portasse in giro un vassoio, solo che non porta in giro niente, se non la sua silenziosa richiesta, che non sta nella voce ma nel portamento. Cinquanta centesimi possono bastare. "Dai un pesce a un uomo e lo nutrirai per un giorno. Insegnagli a pescare e lo nutrirai per tutta la vita", avrebbe detto mia madre. Solo che io non so pescare. Solo che io non posso dare cinquanta centesimi a tutti i barboni che incontro, ma questo lo riconosco: è l'uomo che ho trovato stamattina accasciato sulle scale del mio palazzo, il gradino superiore a fargli da cuscino e il gradino inferiore a fargli da materasso. È stato difficile scavalcarlo, avendo un figlio piccolo in braccio.

Un figlio piccolo in braccio è scomodo: adesso lo metto nel marsupio, la sua schiena appoggiata alla mia pancia e la sua faccia a osservare il mondo, mentre vaghiamo per via Padova. Le vetrine da un lato e le macchine dall'altro: commercio e traffico, a Milano questo è come al solito. "Nulla cambia ma tutto si trasforma", avrebbe detto mia madre.

Questo quartiere è ancora metropoli, ma sembra un paese. Quello con le vecchine sedute sull'uscio delle case a chiacchierare per ore senza magari dirsi niente, perché la strada è un salotto, non un tragitto da percorrere nel più breve tempo possibile. In questo luogo antico nella forma eppure moderno nel contenuto, le lancette girano su un altro orologio e la città perde la sua tipica aria frenetica, mentre accoglie altri colori, altri suoni e altri profumi.

Io, come molti, non faccio niente. "Il non fare nulla è la cosa più difficile del mondo", ha detto Oscar Wilde. Duro lavoro il mio, quindi. Come quello di molti. E come molti anch'io, non facendo niente, ho tempo per osservarmi intorno. Un tempo osservavo bene le galline, oggi osservo bene via Padova, insieme a mio figlio. E mi accorgo che le sfumature del grigio, il rumore delle auto e l'odore di smog a cui sono abituata qui si confondono con le tinte del giallo, le musiche arabe e gli aromi delle spezie che invece continuano a sorprendermi. E non è facile sorprendersi, a Milano. E continuo a sentirmi spaesata, anche. Come se fossi un viaggiatore in terra straniera, che vede, tocca, annusa, assaggia, ascolta e vive tutto per la prima volta. Come mio figlio. Eppure io vedo, tocco, annuso, assaggio, ascolto e vivo tutto da ormai più di vent'anni, con la porta accostata, mai chiusa e mai aperta.

Tutto filtra. E io temo che da un momento all'altro tutto mi possa cadere addosso, sommergendomi: come in questo piccolissimo negozio, stipato di merci, che saturano anche l'aria.

La proprietaria boliviana sta dietro il bancone, in silenzio, scrutandomi con i suoi piccolissimi occhi perfettamente inseriti dentro il suo piccolissimo corpo perfettamente inserito dentro il suo piccolissimo negozio, mentre io non riesco a scegliere. Prima o poi mi chiederà: "Desidera?". "Il desiderio è l'essenza dell'uomo", ha detto Baruch Spinoza. Ma io non so cosa desidero: quando l'offerta è troppo ampia, dimentico quello che voglio e compro di tutto, un po' come quando vado all'Ikea per prendere un letto a soppalco e mi ritrovo in cassa a pagare delle piccole piante sempreverdi, delle candele profumate alla lavanda e un salvadanaio a forma di maiale.

Dovevo prendere il letto a soppalco: avrei evitato di dare il mio indirizzo a un ragazzo egiziano incontrato per caso al Leoncavallo. Mi si stringe il cuore, non so se di paura o di speranza, mentre lo ricordo che mi sorride e che si mette nella tasca dei jeans il mio biglietto. Magari l'ha perso, magari l'ha buttato subito, magari si è dimenticato di averlo, tanto il citofono non funziona e tanto io non mi chiamo Paola Rossi. Magari non ce l'ha neanche il letto a soppalco.

Esco dal piccolissimo negozio della piccolissima boliviana con i piccolissimi occhi infilando nello zaino che porto sulla schiena un sacchetto pieno di quinua, zenzero e soia: avevo semplicemente bisogno di tagliarmi i capelli.

Solo che fino a poco tempo fa qui c'era un parrucchiere italiano che si faceva chiamare "consulente d'immagine": per marcare la differenza con tutti i parrucchieri cinesi di via Padova, che per uno shampoo, un taglio e una piega ti chiedono massimo otto euro. Come un happy hour. Per questa cifra dal consulente d'immagine non mi lavavo neanche i capelli. Infatti ha chiuso: il consulente d'immagine.

Prima del consulente d'immagine qui c'era la tintoria di Marcella: ma erano i primi anni '90 e io mi ero appena trasferita in via Clitumno 11.

Erano gli anni del boom dei supermercati, quelli: tutti a far scivolare il carrello tra uno scaffale e l'altro, ascoltando musica pop abbagliati da lampade al neon. In preda a un istinto bulimico, vagavamo con la lista della spesa in mano, neanche fosse una bussola capace di orientarci, dentro il paradiso dei balocchi per adulti: che nasceva sui cadaveri delle fabbriche occupandone lo spazio e uccideva l'esistenza dei negozi al dettaglio rubandone i clienti. "I'm all lost in the supermarket", cantavano i Clash in Inghilterra mentre gli operai e i commercianti italiani di via Padova se ne andavano, magari a fare i pensionati dentro le villette a schiera che punteggiano la campagna lombarda, e arrivavano gli extracomunitari a grattare quel che restava sul fondo: abitando in case diroccate e rilevando negozi dismessi, permettevano a questa strada di vivere, ancora.

Sparivano il calzolaio, la latteria e il barbiere ma sulle

loro ceneri come fenici aprivano i fruttivendoli e gli internet point cingalesi, i ristoranti e gli alimentari sudamericani, le macellerie e i kebab arabi oltre, ovviamente, alle molte attività dei cinesi, che non gestiscono solo parrucchieri ma anche negozi d'informatica pieni di cellulari e computer, centri-massaggi che quasi tutti pensano siano bordelli e anche incasinatissimi bazar, che vendono dalle parrucche, da utilizzare se il parrucchiere a otto euro non ha fatto un ottimo lavoro, fino ai casalinghi e all'abbigliamento.

Invece Julius, un peruviano basso e pelato che sembra unto anche se si è appena lavato, vende sempre e solo birra: il suo negozio è di circa dieci metri quadri, arredati di bottiglie verdi. Ci sono anche degli alimentari, fagioli in scatola e latte in polvere, più che altro, ma sembrano delle coperture, dato che chi viene qui vuole comprare sempre e solo birra, in bottiglie verdi. La Heineken da 66 cl va per la maggiore: la tengono tutti appoggiata sulla bocca, i clienti di Julius, tutti uomini e tutti stranieri, in piedi sul marciapiede o seduti sulle transenne, davanti al negozio. "Chi beve birra campa cent'anni", avrebbe detto mia madre.

I clienti di Julius hanno la mia età ma la portano decisamente peggio. Mi scrutano, mettendomi a disagio. Io compro fagioli in scatola e latte in polvere, ma Julius nel sacchetto mi mette sempre anche una birra, però io non gliel'ho mai chiesta: forse non gli piace proprio che qualcuno possa uscire dal suo negozio senza.

Strano negozio: mi ricorda i baracchini che vendono alcolici, sulle polverose strade del Kerala, solo che lì non trovi né fagioli in scatola né latte in polvere, nessuna copertura quindi, l'unica copertura è la carta dentro cui ti avvolgono, per nasconderli, gli alcolici che ti vendono, ma che nessuno beve all'aperto, in piedi sul marciapiede o seduto sulle transenne. Ci si chiude nelle case, in Kerala, per bere alcolici. "Chi beve solo acqua ha un segreto da nascondere", ha detto Charles Baudelaire.

Vado da Julius perché non voglio chiudermi in casa e voglio vivere la strada. Perché mi piace lui e mi piace il suo negozio e mi piacciono i suoi clienti e mi piace sentirmi a disagio anche. "Il saggio vince ogni disagio, ma lo sente", ha detto Seneca. A me piace sentirlo. Non mi piacciono molto i fagioli in scatola e a mio figlio non piace molto il latte in polvere, ma per Julius sono una copertura e per me sono un pretesto, per sentire che partecipo attivamente a questo mondo che è via Padova.

Mi piacciono le sfogliatelle, invece, ma nella pasticceria che le fa ottime non torno più, da quando dietro al bancone hanno appeso uno striscione con scritto "Orgogliosi di essere napoletani". Che a me sembra un modo per prendere le distanze, dagli altri negozianti: quelli stranieri. Chiamatemi sospettosa: "Fidarsi è bene, non fidarsi è meglio", avrebbe detto mia madre.

E mi piacciono le sigarette, anche, ma nella tabaccheria che sta di fianco alle roulotte degli zingari non torno più, da quando sopra le pareti hanno affisso dei cartelli con scritto: "Prodotti italiani, qualità italiana, professionalità italiana, personale italiano". Che è evidentemente un modo per prendere le distanze, dagli altri negozianti: quelli stranieri. Io prendo le distanze da chi prende le distanze dagli stranieri. Sono passiva, non attiva: non dico niente, me ne vado e non torno più. "La miglior difesa è la fuga", avrebbe detto mia madre.

Così non torno più neanche da tutti quei commercianti che sulle vetrine dei loro negozi hanno appiccicato un adesivo con una bandiera di stampo sudista su cui campeggia lo slogan: "Riprendiamoci Milano". Che poi non capisco cosa debbano riprendersi: in via Padova ci sono oltre quattrocento attività commerciali, più di trecento italiane e quasi cento straniere. Tre contro uno, quindi.

Io, oltre a osservare bene via Padova, conto: la matematica, a differenza dei sentimenti, non inganna. "La conoscenza matematica aggiunge vigore alla mente, e la libera da pregiudizi, credulità e superstizioni", ha detto John Arbuthnot. "La matematica non è un'opinione", avrebbe detto mia madre. E i conti non si fanno solo in cassa, penso.

Così, anche se il filetto di pollo mi converrebbe comprarlo in un supermarket, entro da Gian Paolo il macellaio italiano che da oltre cinquant'anni affetta per tutti e parla con tutti, e che in vetrina tra un pezzo di carne e l'altra espone immaginette, bamboline, cartoline, elefanti e statuette provenienti da ogni parte del mondo: lui non viaggia mai, sono i suoi clienti a regalargliele quando tornano dai loro Paesi d'origine. Così che lui ha un mondo, esposto in via Padova, che racconta via Padova.

Mio figlio mi ricorda che esiste e che ha fame. Lo fa diventando bordeaux in faccia, muovendo entrambe le braccia in aria e schizzando getti di lacrime dagli occhi. "Pancia affamata, vita disperata", avrebbe detto mia madre. E mio figlio, infatti, si dispera. Vuole qualcosa, la vuole tutta e la vuole subito: esprime queste sue esigenze in maniera diretta. Lo invidio, per questo. Io mi sono abituata alla mancanza e all'attesa, però è mezzogiorno, anch'io esisto e anch'io ho fame. Per una volta andremo al ristorante, niente fagioli in scatola e niente latte in polvere. Cibo fresco, sano e naturale: pesce per me e pasta per lui. Devo solo trovare il posto adatto.

Saluto Julius, infilo anche la sua spesa nello zaino che

porto sulla schiena: quello che porto sul petto è il marsupio dentro cui mio figlio continua a esprimere le sue esigenze in maniera diretta. Mi sento una donna sandwich, sono abbastanza bilanciata, comunque.

Alzo un poco gli occhi dall'asfalto e vedo che, su alcuni balconi, invece dei fiori sono spuntate delle bandiere a strisce verdi, bianche e rosse: i mondiali sono finiti, quindi o se le sono dimenticate o non si tratta di tifo sportivo. Forse abitano in queste case i commercianti che sono orgogliosi di essere napoletani, che offrono prodotti italiani, qualità italiana, professionalità italiana e personale italiano e che vogliono riprendersi Milano. Mio figlio non si riprende, esiste e ha fame. Tutto, subito: mi sale l'ansia e accelero il passo.

Supero un gruppo di ragazze velate, un vecchietto curvo sul bastone e due fidanzati agganciati mano nella mano. Rimango inchiodata davanti all'ingresso del Machu Picchu, un tempo sarei venuta qui a mangiare: è comodo, è buono e si respira un'aria conviviale, di gente seduta al tavolo per ore, come se si trattasse sempre del pranzo di Natale.

A Natale manca poco meno di una settimana: gli operai stanno appendendo nuovamente sopra via Padova le luminarie rosse decorate da stucchevoli cuoricini, che incorniciano le scritte "Auguri" in italiano, francese, spagnolo, inglese, cinese e arabo. L'hindi non c'è. Vorrei lamentarmi, ma non mi sembra il caso: "Meglio poco che niente", diceva mia madre. "Chi si accontenta gode", aggiungeva mia madre. "Da cosa nasce cosa", concludeva mia madre. Quando concludeva: perché mia madre in realtà poteva parlare per ore, intervallando continuamente i suoi discorsi con detti e proverbi in italiano, ma anche in francese, spagnolo, inglese, cinese e arabo, se voleva. Io le luminarie di via Padova ce le avevo in casa, sotto forma di donna ventriloqua. Che, per altro, "Auguri" non me l'avrebbe mai detto: per lei portava solo una gran sfiga. E forse aveva ragione.

E infatti adesso le scritte "Auguri" in italiano, francese, spagnolo, inglese, cinese e arabo, incorniciate da due stucchevoli cuoricini, dondolano proprio sopra la mia testa. E forse mi portano solo una gran sfiga. In realtà dondolavano proprio sopra la mia testa anche più di un mese fa. Poi l'assessore all'arredo urbano ha deciso di toglierle, quelle nelle altre lingue, lasciando solo quelle in italiano. Per evitare "l'effetto ghetto", ha dichiarato. Infine, dopo svariate polemiche, ha deciso di rimetterle, quelle nelle altre lingue, aggiungendole a quelle in italiano. Penelope in confronto era una principiante, con l'hobby della tessitura. "Fare e disfare è tutto un gran lavorare", avrebbe detto madre.

È tutto un gran lavorare anche dentro al Machu Picchu, un tempo sarei venuta qui a mangiare: è vicino al mio palazzo, alla mia panchina e anche al mio bar. Solo che il mio palazzo, la mia panchina e anche il mio bar non sono stati danneggiati, la sera del 13 febbraio 2010. Sono rimasti lì, attoniti e inespugnati, mentre intorno a loro scoppiava un gran casino di grida e di gesti, rivolta l'hanno chiamata, di un gruppo di maghrebini che ribaltavano e fracassavano tutto quello che potevano ribaltare e fracassare.

Al mio amico Behrouz, che vuol dire fortunato ma che non è mai stato fortunato, gli hanno ribaltato l'auto, una scalcinata Fiat Punto del 1998: in realtà non è la sua auto, ma la pulisce tutte le mattine, perché è il luogo in cui dorme quando non può pagarsi un posto letto in una casa. Mentre al Machu Picchu, che non è il sito Inca ma è un ristorante peruviano, gli hanno fracassato le vetrine: da quel momento non vengo più qui a mangiare, ho paura che possa succedermi qualcosa di brutto proprio mentre sto per addentare un'empanada.

Quando è scoppiato il gran casino io non ero andata a svegliare il mio amico Behrouz e non ero venuta a mangiare al Machu Picchu, mi trovavo in strada: stavo tornando a casa e non potevo più tornare a casa. Sono entrata in un parrucchiere cinese: loro continuavano a lavare e a tagliare e ad asciugare capelli e io rimanevo inchiodata davanti all'ingresso, guardando fuori.

Ho partorito la mattina dopo: in anticipo di due settimane sulla data prevista. Mio figlio è nato di spavento il giorno di San Valentino: devo smetterla di pensare che Dio mi abbia regalato un fidanzato. Anche perché sono atea. Ma noi siamo, inevitabilmente, una coppia. E lui non avrà bisogno di uccidere Edipo perché l'ho già fatto io, metaforicamente parlando.

Il suo Edipo era un ragazzo bello e ricco e innamorato, in pratica lo stereotipo dell'uomo ideale. "Nessuno è perfetto", avrebbe detto mia madre. Si sbagliava: lui lo era. E non potendo sopportare il senso di inferiorità che mi procurava, l'ho lasciato. Dicendogli che amavo un altro, anche se non era vero: ma era l'unico modo per non vederlo più tornare. Prima, però, l'ho baciato. "Un bacio tira l'altro e si finisce in sala parto", avrebbe detto mia madre. Così è stato.

Mio figlio è nato di spavento la mattina dopo gli scontri di via Padova: che sono stati paragonati alle rivolte nelle banlieues parigine, per le auto ribaltate e per le vetrine fracassate, immagino. Ma in via Padova non ci sono stati né fuoco né fiamme, solo un gran casino di grida e di gesti, senza alcuna luce a squarciare il buio, se escludiamo quella bluastra delle macchine della polizia e quella giallognola dei lampioni stradali. Questo gran casino è stato chiamato rivolta. Ma la rivolta non vive una sera sola. "Una rondine non fa primavera", avrebbe detto mia madre. E siccome era un gran casino, di grida e di gesti, io quella sera avevo paura e non capivo nulla, ma non gridavo "Tornatevene al vostro Paese!" come facevano alcuni italiani. "La paura uccide la mente", ha detto Frank Herbert. "Chi male intende, peggio risponde", avrebbe detto mia madre.

Quando il gran casino, di grida e di gesti, è finito mi è passata la paura e ho capito: sulla 56, l'autobus babele che percorre quasi tutta via Padova raccogliendo e smistando i suoi abitanti, un diciannovenne egiziano e un trentenne dominicano, che non abitavano in via Padova, hanno litigato perché uno ha pestato il piede all'altro. Sono scesi alla mia fermata, quella vicino al mio bar, alla mia panchina e anche al mio palazzo, e il dominicano ha ucciso con una coltellata l'egiziano. Il cadavere è rimasto riverso sulla strada per ore, provocando lo sconcerto e la rabbia di un gruppo di maghrebini, che hanno ribaltato e fracassato tutto quello che potevano ribaltare e fracassare: auto e vetrine.

Io non ho l'auto: i miei sono morti in un incidente stradale, quel che restava della loro cabriolet era un cumulo di lamiere che qualche artista contemporaneo avrebbe potuto esporre durante un'installazione. In non ho vetrine: i miei avevano un negozio di abbigliamento esotico, i vestiti che mio padre importava dall'India erano stracci folkloristici che qualche fricchettona occidentale avrebbe potuto indossare in ogni occasione. Io quella sera avevo paura e non capivo nulla, e sono entrata in un parrucchiere cinese: loro continuavano a lavare e a tagliare e ad asciugare capelli e io rimanevo inchiodata davanti all'ingresso, guardando fuori.

Del gran casino di grida e di gesti, la notte stessa, ne abbiamo parlato, nel mio palazzo: che è pieno di latini e di nordafricani che non si sono mai accoltellati. Ci siamo detti che ci si ammazza per futili motivi ad ogni età, in ogni Paese. Solo che è capitato in via Padova, tra due giovani stranieri, quindi questo gran casino di grida e di gesti durato poche ore coinvolgendo un breve tratto di strada è stato paragonato alle rivolte nelle banlieues parigine.

La mattina dopo, all'alba, mi sono piegata su me stessa e gattonando sul pavimento ho raggiunto il cellulare. "Via Clitumno 11", ho detto. Tenendomi alla balaustra, sono scesa dalle scale e mi sono fermata davanti al portone. Il taxi è arrivato subito, l'autista ha fissato perplesso la mia pancia. Il suo Suv bianco si è mosso lento tra il traffico di via Padova: che, alle sei del mattino, è piena di persone che stanno andando a lavorare.

Dal finestrino osservavo la gente muoversi come ogni giorno a piedi, in bicicletta, in motorino, in macchina e in autobus. Un traffico simile a quello indiano, nel caos stradale privo di regole: un gioco di prestigio regolato dalle urla e dai clacson. Solo che quella mattina, all'alba, gli abitanti di via Padova si muovevano dentro uno scenario postbellico, affascinante a modo suo. Stavo per gettare mio figlio in mezzo a questo gran casino, e non sapevo se lo volevo.

Il taxi proseguiva il suo cammino, usciva dal girone di piazzale Loreto e percorreva strade addormentate, dove nessuna guerra era scoppiata e nessuna guerra era finita, nel corso di una notte. Dove la gente continuava a dormire. Le persiane del mio appartamento, in piazza Ferravilla, erano ancora chiuse. Forse dovevo tornare a vivere lì. Forse dovevo dormire otto ore.

Eravamo arrivati davanti all'ospedale Macedonio Melloni. "Quant'è?", ho chiesto all'autista. Lui ha guardato il tassametro che segnava diciassette euro e mi ha detto "Niente". "Cioè?", gli ho domandato. "Offro io", ha risposto. "Buona fortuna", ha concluso, fissando perplesso la mia pancia. Per fortuna non mi ha detto "Auguri". "Buona fortuna non dura", avrebbe detto mia madre.

Mio figlio è nato alle nove del mattino, l'ho preso in braccio e lui si è attaccato al seno: ho smesso di avere paura. "L'assenza di paura presuppone la calma e la pace dell'anima. Per essa è necessario avere una viva fede in Dio", ha detto il Mahatma Gandhi. A me è bastato avere mio figlio attaccato al seno.

Fuori dall'ospedale ci aspettava Gioia, che è sempre stata triste, un po' come Behrouz, che vuol dire fortunato ma che non è mai stato fortunato: e infatti gli hanno ribaltato l'auto in cui dormiva, una scalcinata Fiat Punto del 1998.

Gioia ha una Bentley Continental GT nuova di pacca e dorme nel suo attico in zona San Babila. È sempre stata fortunata. Siamo amiche dai tempi del liceo. Non che questo sia necessariamente sinonimo di fortuna. Quando sono rimasta orfana ho lasciato l'infanzia, la casa di famiglia e il liceo. Lei ha continuato con l'infanzia, con la casa di famiglia e con il liceo. Ci avevano bocciate, entrambe, al terzo anno. "Chi va con lo zoppo impara a zoppicare", mi aveva detto mia madre. "Chi va con lo zoppo impara a zoppicare", le aveva detto sua madre. "Ogni scarrafone è bello a mamma soja", avevamo risposto noi.

"Tuo figlio è bellissimo", mi dice Gioia. "Lo so", le rispondo. "È la cosa più bella che hai fatto", aggiunge. "Non è una cosa, è una persona", commento.

Ci lascia davanti al portone in via Clitumno 11. "Buona fortuna", mi dice. "Grazie", le rispondo. "Continuerai ad abitare qui?", mi domanda. "Sì", le rispondo. "Ad ognuno la sua croce", conclude. "Ogni formica ama il suo buco", avrebbe detto mia madre. Non mi chiede di salire, non le chiedo di salire. Quando ci incontriamo, ci incontriamo sempre fuori. Ci abbracciamo.

Adesso mio figlio ha dieci mesi.

Da dieci mesi il quartiere è sotto assedio: non dei manifestanti maghrebini ma delle forze dell'ordine italiane. Vigili, poliziotti e militari, inguainati nelle loro divise, armati di manganelli e pistole e inscatolati dentro auto, camionette e blindati, rastrellano via Padova, per ripulire il quartiere, come se i rifiuti da raccogliere fossero quelli umani. "A mali estremi estremi rimedi", deve aver pensato il Comune. "Cattivo bastone non fa buon cane", avrebbe detto mia madre. "Col terrore non si ottiene nulla da nessun animale qualunque sia il suo grado di sviluppo", ha detto Michail Bulgakov.

Da dieci mesi il quartiere è sotto coprifuoco: la chiusura anticipata delle attività commerciali svuota le strade poco dopo il tramonto, rendendole realmente pericolose. La gente la sera si rintana nelle proprie abitazioni, insieme ai familiari o agli amici, se va bene, davanti alla televisione o al computer, se va peggio. "La solitudine è la madre della malinconia", avrebbe detto mia madre. Certo noi non sembriamo molto allegri: la socialità sta assumendo connotati cyborg, e via Padova un aspetto alla *Blade Runner*. Non piove sempre, per fortuna. "Non può piovere per sempre", diceva Eric a Sarah nel film *Il corvo*, uno dei miei preferiti.

Via Padova si è ammalata, perché l'hanno curata male. "Medico inesperto cimitero aperto", avrebbe detto mia madre. Via Padova non è ancora morta, ma si diverte davvero poco. "La noia è l'asma dell'anima", ha detto Carlo

Bini. Via Padova fatica a respirare, e io ho il fiatone: un peso sul petto e un peso sulla schiena, cammino veloce per trovare un posto in cui pranzare. Supero un ex capannone industriale, trasformato in chiesa evangelica, sul cui ingresso hanno appeso uno striscione con la scritta "Gesù Cristo è il Signore": ma non ci dà da mangiare, penso. Passo sotto il ponte, maculato di umidità, che separa la via Padova per alcuni decisamente cattiva, con le case primo '900 piene soprattutto di giovani immigrati, dalla via Padova per alcuni quasi accettabile, con i palazzi del dopoguerra abitati anche da vecchi italiani.

Sto lasciando la mia via Padova, per entrare nell'altra via Padova. Che poi via Padova è sempre di tutti. Solo che adesso si concede sotto controllo e a determinati orari: è un piacere represso, un orgasmo incompleto, un coito interrotto. Ma se vuoi puoi ancora ballare per strada: con lei, sopra di lei, dentro di lei.

Un signore calvo, basso e minuto, agita scompostamente i fianchi inseguendo una donna tinta, alta e imponente, che ondeggia il corpo seguendo il ritmo della musica proveniente da un minimarket latino-americano, con la vetrina tappezzata da bottiglie di Inka Cola. Le auto rallentano la loro corsa, l'autista della 56 suona il clacson, i passanti si fermano a guardarli: c'è chi sorride e chi li incita. Qualcuno finge indifferenza, qualcuno è infastidito.

Alfiero, cinquantenne milanese proprietario del negozio di dischi adiacente, esce sul marciapiede e abbassa le serrande: chiude per la pausa pranzo, in anticipo di mezz'ora. Forse è stufo, sembra deluso. La sua clientela di appassionati e collezionisti, che arrivano da ogni parte di Milano, d'Italia e – come lui dice – del mondo, per comprare o vendere vinili e cd, probabilmente non si è mai messa a ballare per strada, davanti al suo negozio, ascoltando la sua musica. Io non ho mai ballato per strada: è un gesto naturale, quanto privato. Per quel che mi riguarda.

Giro le spalle al signore calvo, alla donna tinta e ad Alfiero, e apro il cancello della bocciofila Caccialanza. Questo luogo esiste dal 1969, e probabilmente non è mai cambiato da allora: ogni volta che ci entro mi sento come in quelle storie di fantascienza, che basta schiacciare un tasto per trovarsi proiettati in un'altra dimensione. Ora sono qui con Fabio, mio figlio, due anni fa ero qui con Luca, suo padre. "Chi c'è c'è e chi non c'è non c'è, chi è stato è stato e chi è stato non è", cantavano i CSI. "Mai piangere sul latte versato", avrebbe detto mia madre.

È quasi estate, sono da poco passate le diciannove, io e Luca vogliamo prendere l'aperitivo, lui è seduto davanti a me, sotto il pergolato e tra gli alberi, ordina un bianchino e una birra: i bambini iniziano ad andarsene dall'area attrezzata, gli uomini continuano a giocare a bocce nel capannone, delle coppie aspettano di poter ballare il liscio sulla pista e la banda musicale comincia ad allestire il palco per il concerto. Noi beviamo, e parliamo, interrotti solo dal rumore dei treni che passano al nostro fianco all'improvviso. Noi che eravamo una coppia, uomo e donna. Noi che siamo una coppia, mamma e bambino. "Ogni cosa ha il suo tempo", avrebbe detto mia madre.

È già inverno, sono da poco passate le dodici, io e Fabio vogliamo mangiare qualcosa, lui è seduto sulle mie ginocchia, dentro la sala pranzo e di fianco alla sala gioco, ordino un fritto misto e una pastina in brodo: una giovane zingara ingurgita velocemente una cotoletta alla milanese, fissandoci. Arrivano i nostri piatti: con la mano destra imbocco mio figlio, con la mano sinistra assaggio un gambero impanato, la giovane zingara ha finito, rutta e continua a fissarci. Poi si alza, e viene verso di noi: il kajal sugli occhi, l'orecchino al naso, i capelli a treccia, la pelle ambrata, il maglione pesante e la gonna a fiori. Mi ricorda le donne del Rajasthan che vendono per poche rupie argenti e tessuti sulle spiagge di Kovalam. Mi accorgo che c'è un neonato, raggomitolato nella fascia che porta appesa sul petto. Siamo simili, penso: forse lo pensa anche lei.

"Disturbo?", mi chiede. "No, vuoi assaggiare?", le rispondo. "Ho appena finito", mi dice. "Come ti chiami?", le domando. "Lejla". "E tu?"."Anita". Non mento. "Dove vivi?". "In via Clitumno 11". Dico tutto. "Io nel campo nomadi". "Quale?". "Quello in fondo a via Padova: lo conosci?". "Ne ho sentito parlare ma non l'ho mai visto". "Se vuoi ti ci porto". "Magari un'altra volta", le dico. "Immaginavo", mi risponde. Se ne va, abbassando la testa.

Mi sento in colpa: una donna con un bambino spaventata da una ragazza con un neonato. A guardarci bene siamo come in uno specchio, ma io ritraggo lo sguardo dall'immagine che vedo riflessa.

"Ehi, Lejla!", le dico. "Che c'è?", mi risponde. "Se ci aspetti, finiamo di mangiare e veniamo con te". "Ok".

Si siede davanti a noi, alza il maglione, sbottona la camicia, slaccia il reggiseno e inizia ad allattare il neonato. Io non ho mai allattato in un locale: è un gesto naturale, quanto privato. Per quel che mi riguarda.

"Quanti anni hai?", le chiedo."Ventitré". Sembra più vecchia, penso."E lui?"."Due mesi"."E voi?", mi domanda."Io quaranta, lui dieci mesi", le rispondo."Sembri più giovane", mi dice. "Andiamo?", mi chiede. "Va bene", le rispondo. "Prima mi puoi accompagnare in alcuni posti?", mi domanda. "Ok", le dico. Tanto fino a stasera non ho nulla da fare, penso.

"Lavori?", le chiedo. "Più o meno, e tu?", mi domanda. "Io no", le rispondo. "Vivo di eredità", aggiungo. Non mento. Dico tutto. "Niente male", commenta. "Io invece chiedo l'elemosina", mi spiega. "E riesci a sopravvivere?", le chiedo. "Vendo anche delle collane. A casa te le faccio vedere: se vuoi puoi comprarle", mi spiega.

Serve i clienti a domicilio: io per lei sono un potenziale acquirente mentre lei per me è un originale passatempo, penso. "Ok, andiamo", le dico.

Usciamo dalla bocciofila camminando una di fianco all'altra, lei con un neonato nella fascia e io con un bambino nel marsupio. Alcuni anziani alzano gli occhi dalle carte o dal biliardo, e ci guardano, incuriositi. Destiamo un certo interesse.

"Da quanti anni sei in Italia?", mi chiede. "Sono nata a Milano", le rispondo. "Anch'io. Ma i miei arrivano dalla ex Jugoslavia", mi dice. "Mio padre era indiano, mia madre era italiana: sono morti", le spiego. "Mi spiace", commenta. Per un po' starà zitta, penso. "Come?", mi domanda. "In un incidente stradale", le rispondo. "E tu?", mi dice. "Io ero a scuola, la preside è entrata in classe, mi ha chiesto di prendere le mie cose e di seguirla nel suo ufficio: poi ha chiuso la porta, si è seduta davanti a me e me l'ha detto". "E tu, cosa hai fatto?", mi domanda. "Ho pensato che quel giorno nessuno mi avrebbe preparato il pranzo", le rispondo. "Ma alla fine hai mangiato?". "No, per anni". "E poi hai ripreso". "Già". "Un attimo: arrivo subito", mi dice.

Io resto sul marciapiede, lei entra da un fruttivendolo cingalese. Lui apre il registratore di cassa, estrae una piccola moneta e gliela appoggia sul bancone. Poi le si avvicina e la spinge verso l'uscita. "Che tu possa morire con un fiore in mano", gli urla Lejla, andandosene. "Che succede?", le chiedo. "Mi ha dato dieci centesimi, quel bastardo, quando io un euro per una rosa di merda non l'ho mai negato neanche al peggior indiano del cazzo", mi risponde. "È dello Sri Lanka", specifico. "Cambia qualcosa?", mi domanda. "Forse", le rispondo. "Tutto a posto, quindi", commenta. "Insomma", concludo. Il razzismo mi disturba, penso. Tra l'India e lo Sri Lanka c'è una certa differenza, dico a me stessa ma a lei non dico niente. Potrei andarmene eppure resto. "La miglior difesa è la fuga", avrebbe ribadito mia madre. "Abiti lontano?", le chiedo. "Ci siamo quasi", mi risponde.

Ci fermiamo davanti a Cargo. "Vieni con me", mi dice. Almeno non l'aspetto fuori: camminiamo dentro l'enorme fabbrica dell'Ovomaltina datata primo '900 e riconvertita in emporio d'arredamento poco dopo il 2000, muovendoci tra antichi mobili etnici e classici del design contemporaneo. Non capisco cosa stiamo facendo. Se ruba qualcosa me ne vado, penso. Si ferma all'improvviso davanti al reparto di accessori per la casa, prende una schiumarola e ne legge il prezzo.

"Nove euro, lo sapevo", mi dice. "Per un mestolo bucato?", le chiedo. "La bellezza costa", commenta. "Non è bello ciò che è bello ma è bello ciò che piace", penso.

Penso come mia madre, volendo essere il suo contrario. Ma il ramo assomiglia al tronco, di solito. "Siamo ciò che pensiamo" e "Gli opposti si incontrano", avrebbe detto mia madre.

"Quanto ti manca?", le chiedo. "Un euro e ottanta", mi risponde. "Ecco: prendili". "Non se ne parla neanche:

piuttosto, offrimi da bere". "Qui?", le domando. "Vieni con me", mi dice. Non sto facendo altro.

Usciamo dal negozio. La seguo lungo una via, oltre un cancello, dentro un giardino: temo voglia entrare in un appartamento. La immagino che spacca una finestra, scavalca il davanzale, gira per le camere, prende degli oggetti, sputa per terra, mi urla "Scappiamo!". E invece mi accorgo che al piano terra di questa villa del '700 c'è un bar, aperto a tutti: colonne in pietra, arredo in legno, sedie in paglia, quadri pop e grandi finestre. Giovani immigrati entrano in una stanza per frequentare un corso di italiano mentre vecchi milanesi si siedono intorno ai tavoli per partecipare a un torneo di burraco. Sto bene, qua dentro. Mi sento nuovamente in via Padova. Sono ancora in via Padova.

Appoggiate al bancone, Lejla una Fanta e io una birra, Lejla parla con una vecchia signora hippy e io leggo il calendario delle iniziative: questa sera c'è un concerto, potrei lasciare mio figlio a Mirina, la vicina di casa albanese che ha cinque figli e mi dice sempre "Cara non ti preoccupare un bambino in più un bambino in meno non fa la differenza" e venirci con Gioia, la mia amica triste, quella fortunata con la Bentley Continental GT nuova di pacca e l'attico in zona San Babila.

"Ce ne andiamo?", mi chiede Lejla. "Come vuoi", le rispondo. "Qui vicino c'è la Casa della Carità?", le domando. "Come lo sai?", mi chiede. "Ci ha vissuto un tipo che conosco", spiego. "Bella gente frequenti", commenta.

La guardo, mi guarda: "Il bue che dice cornuto all'asino", penso. "Dimmi con chi vai e ti dirò chi sei", avrebbe detto mia madre.

Seduti su una scalcinata panca in legno, bevendo Peroni in lattina da due euro, il ragazzo egiziano incontrato per caso al Leoncavallo mi aveva raccontato pezzi della sua vita. Il viaggio in gommone fino a Lampedusa, i mesi come pastore in Sicilia, il tirare a campare a Napoli, il treno diretto per Milano Centrale, le notti a dormire in stazione, l'amicizia con un ragazzo libico: il consiglio di rivolgersi alla Casa della Carità, in fondo a via Padova.

"Era una scuola media, ora è un dormitorio pubblico: ci vanno quelli come me, che non sanno più dove andare. Perché fai quella faccia, tu sai sempre dove andare?", mi aveva chiesto. "No, anzi: di solito mi lascio trasportare", gli avevo risposto. "Tipica gatta morta", mi aveva detto. "È un'offesa?", gli avevo domandato. "Ma va', in Egitto è un complimento", aveva spiegato. "Sarà. Comunque anche tu non sapevi più dove andare", avevo commentato. "Io volevo andare in Italia e ci sono venuto. Ma quando sono arrivato a Milano ho capito che avevo sbagliato tutto, solo che non potevo più tornare indietro. La Casa della Carità è stata la mia salvezza. Pensavo fosse un postaccio, buio e grigio. Invece era luminoso e colorato, gestito da un prete in gamba, uno che mette soggezione quando lo vedi ma è simpatico quando lo conosci: si chiama don Colmegna. Lui accoglie tutti: qualche italiano e poi un sacco di rumeni e di africani, più che altro. Lì ci sono anche quelli senza documenti: per questo mi hanno consigliato di andarci", mi aveva detto. "Sembra via Padova", avevo commentato. "In che senso?". "Beh anche via Padova accoglie tutti". "Lascia stare: via Padova è piena di gente di merda. Lì invece devi rigare dritto sennò ti sbattono fuori. Figurati che anche gli zingari si comportano bene: quelli però stanno dietro all'edificio, in una baracca di lamiera. Li mettono lì perché a loro piace vivere tutti insieme, nel casino, uomini donne bambini: gli sembra di essere ancora in un campo nomadi. Mentre noi, dentro l'edificio, eravamo tutti separati: gli uomini al piano terra, le donne al primo piano e le mamme con i figli al secondo che è anche l'ultimo. Là in alto c'è anche un appartamento per i matti. Potresti andarci", mi aveva detto. "Io una casa ce l'ho", gli avevo risposto. "Infatti si vede: sei tutta profumata e pettinata. Mentre io ero uno schifo, sono andato lì per farmi una doccia e per lavarmi i vestiti, poi mi hanno fatto parlare con i medici, con gli psicologi e con gli avvocati e alla fine mi hanno dato un letto e una cena, per quasi un anno. Vuoi una birra?". "L'ho appena finita". "Prendiamone un'altra". "Aspetta che ti do i soldi", gli avevo detto. "Pago io", mi aveva risposto.

Lo avevo guardato mentre si alzava dalla panca, andava al bar e tornava da me. Mi piaceva come si muoveva nello spazio, sembrava un sovrano nel suo regno. O un gangsta nel Bronx. Mi ha sempre affascinato l'immagine del cattivo ragazzo.

"Non parli più?", gli avevo chiesto. "Che vuoi che ti dica?", mi aveva risposto. "Dove hai imparato l'italiano?". "Per strada". "Ottima scuola". "Altre domande?". "Ma alla Casa della Carità ti lavavi, dormivi, mangiavi, rigavi dritto e basta?". "Beh, no. Lì ho conosciuto della gente che frequentava la moschea, io non sono credente ma tutti gli altri arabi con cui condividevo la stanza lo erano: così ogni tanto andavo con loro in questo posto che sta lì vicino, dopo il ponte della tangenziale, oltre il cartello con su scritto "Milano". Che mi sembrava di essermene finalmente andato da questa città del cazzo", mi aveva detto. "Non sapevo che là ci fosse una moschea", gli avevo risposto. "In realtà non è una moschea, ma un'ex palazzina dell'Enel che alcuni islamici si sono comprati e poi hanno chiesto al Comune il permesso per ristrutturarla. Non gliel'hanno dato, quindi alcuni di loro se lo sono preso: adesso hanno un edificio su più piani, con un enorme spazio per pregare che ha i pavimenti in marmo e i tappeti persiani e i lampadari a cristallo e l'impianto sonoro. Io lì però ci andavo solo ogni tanto per stare con gli altri e non fare quello diverso, ma tutti i giorni mi sbattevo per cercarmi un lavoro e alla fine l'ho trovato, ho iniziato a guadagnare qualcosa che mi bastava per comprarmi da mangiare e per pagarmi un affitto. Allora me ne sono dovuto andare dalla Casa della Carità, però un po' mi è spiaciuto dato che stavo bene, in quel posto. Avevo delle regole, perché me le imponevano: io non riesco a darmele, così c'è sempre il rischio che mi perda. Tu ti sei mai persa? Ah, già: tu ti lasci trasportare, tipica gatta morta". Si era messo a ridere. Aveva una risata bellissima. Ero rimasta incantata, senza riuscire neanche ad incazzarmi. Con la verità c'è poco da incazzarsi.

Io non mi sono mai trovata, penso. Avevo trovato te, e forse ti ho anche perso. "Meglio soli che male accompagnati", avrebbe detto mia madre. E comunque io non sono sola: ho Fabio.

"Hai un marito?", chiedo a Lejla. "Sì, è il padre dei miei tre figli". "E dov'è adesso?". "In giro a raccattare il ferro". "E gli altri tuoi bimbi?". "Escono da scuola alle quattro e mezza". "E poi cosa fanno?". "Tornano nel campo".

Ci lasciamo trasportare, penso. "Vorrei essere come l'acqua che si lascia andare, che scivola su tutto, che si fa assorbire, che supera ogni ostacolo finché non raggiunge il mare e lì si ferma a meditare per scegliere se esser ghiaccio o vapore, se fermarsi o se ricominciare", cantava Eugenio Finardi.

La Martesana è un fiume strano, meno noto del Naviglio Grande o del Naviglio Pavese ma più suggestivo del

Lambro: più che un fiume è un canale, voluto nel 1457 da Francesco Sforza. Un tempo era navigabile, ora non serve più a molto, ma esiste: e come tutti i corsi d'acqua a volte si ingrossa e a volte si rinsecchisce, simile a una donna che prima divora e poi digiuna esponendo ora l'adipe ora le ossa. Ora la Martesana è in piena. Ma per saperlo devi vederla, e non ti capita sempre. Perché a volte si nasconde scomparendo nel sottosuolo, rivestita dall'asfalto, come se ne avessero già tumulato un pezzo. Ma a volte si mostra, e a un certo punto sbuca in via Padova, proprio quando la strada sta per terminare: in piazza Costantino, che non è solo uno slargo ma è anche il centro del quartiere Crescenzago, un pezzo di metropoli che è rimasto un piccolo borgo, un anello di congiunzione tra la città che sta finendo e la campagna che sta cominciando.

Io e Lejla lasciamo la città e ci addentriamo nella campagna, costeggiando la Martesana. Abbandoniamo via Padova, da un lato le ville nobiliari e dall'altro gli edifici anni '50, e ci incamminiamo in via Idro, da un lato le cascine e dall'altro le fabbriche. Guardo le cascine, alcune vecchie e dismesse altre ristrutturate e di lusso. Tutte con un giardino privato, affacciato sul canale. Dentro un giardino privato c'è una panca in legno e sopra la panca in legno ci sono degli enormi peluches e gli enormi peluches fissano attoniti, con occhi sbarrati a palla, le anatre che galleggiano sull'acqua che scorre. Seguono la corrente. Anche loro.

Dei bambini corrono dietro a un loro coetaneo in bicicletta, che pedala veloce verso di noi. "Chi è quella?", chiede a Lejla, indicando me. "Un'amica", gli risponde. "Hai una sigaretta?", mi domanda. Sì che ce l'ho ma come faccio a dartela che non hai neanche sette anni, penso. "No", gli dico. "E della moneta?", mi chiede. "Lasciatela stare", si intromette Lejla. "Che palle!", commenta il bambino, guardando lei. "Hai una penna?", domanda il bambino, guardando me.

È come quando scendi da un pullman in India e tutti ti circondano e ti toccano e ti chiedono di dargli qualcosa qualsiasi cosa non importa cosa basta che sia qualcosa.

"Ho della quinua, dello zenzero, della soia, una scatola di fagioli, del latte in polvere e una bottiglia di birra", dico. Neanche quando i doganieri mi chiedono "Niente da dichiarare?" sono così diligente nella risposta. "Birra!", esclamano in coro quattro bambini. Fumano e bevono.

Fumava e beveva, anche parecchio, il ragazzo egiziano incontrato per caso al Leoncavallo. "Ogni lasciata è persa", avrebbe detto mia madre. Ha il mio biglietto: "Via Clitumno 11, citofonare Paola Rossi". Peccato che il citofono non funzioni, peccato che io non mi chiami Paola Rossi.

Terra incolta, pali elettrici e un ripetitore Mediaset fanno da sfondo al campo nomadi. Cammino tra gatti, cani, galline, maiali, capre e pavoni, schivando pozze d'acqua: "Le fognature non funzionano e quando piove si allaga tutto", mi spiega Lejla. "È anche pieno di animali, qui dentro", commento. "Là in fondo c'è pure una stalla con dieci cavalli", mi risponde. Non male, penso. "Ed è anche pieno di santini, qui dentro", aggiungo. "Sì il crocefisso lo trovi ovunque, insieme alle statue della Madonna e alle immagini di Padre Pio", mi dice urlando, perché qualcuno ha acceso al massimo lo stereo, e una canzoncina melodica napoletana mi sta risuonando nelle orecchie.

Sembra di stare dentro una cartolina del sud d'Italia, e gli scugnizzi sono dappertutto. Dietro, di fianco, davanti: intorno. Non se ne vanno, anzi aumentano. Quelli che abbiamo incontrato per strada continuano a seguirci, e durante il tragitto se ne aggiungono altri: inizio a sentirmi come il Pifferaio magico. Uno mi strattona e si presenta: "Ciao sono Anthony". È grande, avrà circa 14 anni: piercing sul viso, tuta dell'Adidas e scarpe Nike. È vestito come un qualsiasi adolescente. Di bianco, senza una macchia: nonostante tutto questo fango. "Piacere: Anita", gli rispondo.

Il bambino sulla bici mi si avvicina e insiste: "Ehi proprio sicura che non ce l'hai una sigaretta?". Tiro fuori il pacchetto dalla tasca del cappotto e gliene offro una. "Hai d'accendere?", gli domando. "Certo", mi risponde. Mi fa un certo effetto vederlo fumare, un gesto da grande su un corpo da piccolo. Mi sembra un giovane vecchio, una caricatura da circo. Aspira ed espira nicotina continuamente e voracemente: tra una boccata e l'altra riesce a chiedermi quanti anni ho, se il bambino è mio, se sono sposata, dove abito e che lavoro faccio. All'ultima domanda rispondo: "Niente". Sorride, butta la sigaretta, la schiaccia per terra e mi dà il cinque: palmo aperto della sua mano contro palmo aperto della mia mano, lui si alza sulla punta dei piedi e io mi piego con la schiena in avanti. C'è solidarietà tra gli scansafatiche, qui dentro: in questo posto che assomiglia a un campeggio, ed è pure suddiviso in piazzole. Solo che non vedo tende, ma solo roulotte, container e prefabbricati.

"Io abito qui", mi dice Lejla indicando un parallelepipedo in lamiera. I bambini rimangono fuori dal cancello, noi entriamo: è un abitare accumulando, questo. Mi ritrovo circondata da oggetti: tessuti ricamati, colorati e disegnati, soprattutto. La madre, il padre e la sorella di Lejla sono seduti su un divano sfondato, davanti a una serie di letti e di fianco a una stufa a gas. Mi presenta, si presentano e mi dicono di sedermi comoda. Solo che non sono comoda: la sedia traballa, amplificando la mia precarietà. Beviamo il caffè. Mi chiedono quanti anni ho, se il bambino è mio, se sono sposata, dove abito e che lavoro faccio. All'ultima domanda rispondo "Niente", mi sorridono ma non mi danno il cinque. Io gli fisso i denti: molti mancanti, alcuni dorati. La madre, foulard sulla testa e calzettoni ai piedi, mi chiede: "E come fai a vivere?". "Seguo la corrente", rispondo. Ride. "Attenta alle piene e alle secche", mi dice. "Siediti lungo la riva del fiume e aspetta, prima o poi vedrai passare il cadavere del tuo nemico", avrebbe detto mia madre, seria. Solo che il mio nemico è lei, e il suo cadavere ce l'ho incastrato dentro.

Usciamo, i bambini se ne sono improvvisamente andati. Siamo in uno spiazzo con erba, alberi, fiori e rifiuti: c'è anche un pergolato in legno e un camper senza ruote, qui fuori. Accendono un fuoco fatto di stracci e di bancali, prendono delle sedie e le appoggiano in cerchio, ci manca solo che qualcuno inizi a suonare i bonghi. Ci sediamo tutti, appoggio lo zaino per terra e me lo tengo di fianco, tolgo mio figlio dal marsupio e lo prendo in braccio. Farfuglia e sorride, non è un pupazzo di stoffa: è decisamente molto discreto. A differenza di altri, si fa sentire solo se ha davvero qualcosa da dire.

Il sole sta tramontando. Saranno passate le quattro. Temo che la cosa si faccia lunga. La madre inizia a parlarmi, in un italiano stentato, facendo lunghe pause. Mi fa una noiosa cronistoria del luogo in cui vive da anni, come se io fossi una giornalista bisognosa di prendere appunti. Mi racconta che questo campo è di quarantamila metri quadri, che è stato creato dal Comune nel 1989, che qui abitano circa centosettanta rom Harvati, che ormai hanno avuto la cittadinanza italiana, che sono divisi in due gruppi famigliari, che tra i due gruppi non scorre buon sangue, che comunque da lì verranno sgomberati tutti, che però molti non sanno dove andare mentre alcuni hanno comprato dei casolari, che loro sono poveri e stanno nelle baracche in metallo senza luce e senza gas e che gli altri invece hanno la villa in muratura con la tv a schermo piatto, la vasca da bagno angolare e il giardino con le statue in pietra. "Gli mancano solo i nanetti", le dico. "Vai a vedere se non ci credi", mi risponde. Non pensavo di aver lasciato trasparire alcun dubbio. Mi sento come un sacchetto, più che altro: vengo riempita di parole, una volta colma probabilmente mi butteranno via. Ma per adesso mi tengono qui, sono in ostaggio perché li ascolto. Non deve capitargli spesso.

"I gagè se ne fottono di noi", mi dice Lejla. "Solo la Casa della Carità ogni tanto fa qualcosa: comunque non può fare molto, e prima o poi ci cacceranno", aggiunge. "E cosa ne sarà di questo posto?", le chiedo. "Vogliono demolire tutto e creare un campo di transito, dove gli zingari potranno stare al massimo tre mesi: li metteranno dentro a quaranta casette prefabbricate con servizi igienici, acqua e riscaldamento e li sorveglieranno con le telecamere, i vigili e gli assistenti sociali. Faranno un carcere temporaneo, in pratica", mi dice. "Fate paura voi gagè, è meglio non fidarsi", commenta. "Devo andare", le dico. "Non parlavo di te", mi risponde. "Rischio di arrivare in ritardo a un appuntamento", le spiego. "Non vuoi vedere le collane?", mi domanda. Ah già, penso. "Sono tante?", le chiedo. "Pochissime", mi risponde.

Torniamo dentro, apre un enorme sacco appoggiato per terra e riversa tutto il contenuto su un materasso. Per fortuna che erano pochissime, penso. Ne prendo una a caso. "Quanto costa questa?". "Venticinque euro". Le do i soldi che mi ha chiesto. "Adesso vado", le dico. "Ok, ricorda che puoi venirci a trovare quando vuoi", mi risponde. "Grazie", commento. E sono sincera. Basta che non debba pagare ogni volta un pedaggio, penso.

Esco di lì controllando se ho ancora tutto. Non mi manca nulla, a parte una bottiglia di birra e una sigaretta. Fabio è nel marsupio e la spesa è nello zaino. Nelle mani ho una collana costata venticinque euro che probabilmente non vale nulla. Non ho mai messo collane. La indosso. Ho bisogno di sentirmela addosso. Mi sento sola, improvvisamente, quando sbuco di nuovo in via Padova.

Guardo a sinistra, vedo la tangenziale: se la supero raggiungo la moschea, dove il ragazzo egiziano incontrato per caso al Leoncavallo andava ogni tanto. Se giro a sinistra, quindi, forse lo incontro. Guardo a destra, vedo la Martesana: se la seguo torno a casa, dove Gioia l'amica triste ma fortunata mi sta aspettando dentro la Bentley Continental GT nuova di pacca. Se giro a destra, dunque, di sicuro la incontro. "Chi lascia la strada vecchia per quella nuova sa quel che perde ma non sa quel che trova", avrebbe detto mia madre. E così faccio. Seguendo la corrente, giro a destra.

Telefono a Gioia, ormai è tardi. "Dove sei?", mi chiede. "Vicino a Cascina Gobba", le rispondo. "Ci troviamo direttamente da Assab one?", mi domanda. "Dov'è?". "In via Assab all'uno". "Un indirizzo a prova di stupido", commento. "Nomen omen", avrebbe detto mia madre. "Quando arrivi?", mi chiede. "Tra mezz'ora circa", le rispondo. "Ti passo a prendere?". "No: voglio fare una passeggiata".

Ho bisogno di tenere i piedi per terra, dato che la testa è per aria. E in aria tira vento d'invidia, per la frustrazione di non avere ciò che voglio e di non essere ciò che gli altri vogliono. Gioia invece ha tutto ciò che vuole ed è tutto ciò che gli altri vogliono. Gioia è anche il prototipo della bellezza, nell'Occidente contemporaneo: un modello unico, rintracciabile su tutte le pubblicità esistenti. Alta, magra e bionda: perfettamente adeguata, a questo spazio e a questo tempo, a differenza di me, fuori posto e fuori sincronia, sempre. Per questo mi perdo, tra le strade e negli orari. Alla fine ci arrivo, da Assab one: in ritardo.

"Sei in ritardo", mi conferma. "È già tanto che ho trovato il posto", le spiego. "Ma non è la tua zona questa?". "La mia zona è via Padova, questa è una traversa di una traversa". "Confini ristretti eh?". "La differenza tra un genio e uno stupido è che il genio ha dei limiti", le dico. "L'uomo non esiste veramente che nella lotta contro i propri limiti", mi risponde. "Sembri mia madre", commento. "È una frase di Ignazio Silone", dice. "Non lo conosco", rispondo. "Non ne dubitavo: dai, entriamo.", conclude. Accarezzo la testa di Fabio, e la bacio: è sveglio ma non si arrossa, non si agita e non piange. A volte mi dimentico che esiste.

Anche Assab one è un'ex industria: via Padova è piena di ex industrie. Il centro commerciale è un'ex industria, la chiesa evangelica è un'ex industria, l'emporio di arredamento è un'ex industria, la moschea è un'ex industria. Questa invece è una galleria d'arte: guardiamo un quadro, quindi. Che non è mica detto perché ultimamente se vai in una galleria d'arte guardi video, fotografie, sculture e installazioni, ma quadri non ne trovi: quindi non ne guardi.

Così guardiamo un quadro, e per farlo meglio ci sediamo su un pavimento dissestato, tra pareti scrostate e vetri rotti. Culo a terra e gambe distese, io con Fabio nel marsupio e la spesa nello zaino e la collana al collo, Gioia con il cappotto aperto e la minigonna a vista e il maglioncino corto.

Guardiamo il quadro: una linea unisce vari puntini formando uno scarabocchio. Ai miei tempi i puntini avevano sopra i numeri e la linea creata unendo i vari puntini seguendo la successione dei numeri andava a formare un disegno: tipo un elefante o una casetta. Ma l'astratto tira molto di più del figurativo, ultimamente: quindi al posto dell'elefante o della casetta abbiamo lo scarabocchio, e al massimo possiamo vederci dentro un elefante o una casetta. Come quando fissi le costellazioni e cerchi il carro. Io nello scarabocchio ci vedo il viso del ragazzo egiziano incontrato per caso al Leoncavallo. "Ognuno vede ciò che vuole", avrebbe detto mia madre.

"Ti va un aperitivo?", mi chiede Gioia. "Sì però facciamo una cosa veloce che poi devo tornare a casa e preparare la cena". "Andiamo alla Ligera?". "Ok". Ligera era il nome della malavita milanese, quella dei ladri, degli assassini e delle puttane: quella a cui deve la fama la mia via, quella che adesso è un'insegna sopra la vetrina di un locale.

Pareti bordeaux e bancone in legno, arredo in stile vintage, poster di film polizieschi e manifesti della Malamilano, colonna sonora funky: è un'idea degli anni '70 questa, ricreata in un'enoteca che sta proprio in mezzo a via Padova. Ci sediamo a un tavolino, chiediamo due bicchieri di vino rosso. Arriva Federico, uno dei due proprietari del locale. Uno che ha scritto un libro di racconti intitolato *Volevo essere Vallanzasca*. Uno che gira con i Ray-Ban a goccia, le basette lunghe, i baffi corti e le camicie strette con il collo a punta, su una Alfa Romeo GT Junior. Uno che ti immagini che ti rapini, con gentilezza e non che ti dica, con gentilezza: "Perché non provate il cocktail Moratti-Decorato?". "Com'è fatto?", chiede Gioia. "Due terzi di camomilla, un terzo di limone e una spruzzatina di valeriana", ci risponde.

Il cocktail Moratti-Decorato lo stiamo già bevendo: potrei darne un po' a mio figlio, quando si arrossa, si agita e piange. È un sedativo come un altro. Penso a questo, penso ad altro, mentre Gioia mi parla e la sua voce diventa un rumore di fondo: le frasi si impastano le une alle altre confondendo gli ingredienti del suo discorso. Non capisco cosa sta dicendo. Non riesco più a seguire la corrente. "Non sono a mio agio fra la gente", ha detto Albert Einstein.

L'enoteca si sta riempiendo di persone che rimangono al piano terra per mangiare o per bere e di persone che scendono nel seminterrato per guardare la mostra o per ascoltare il concerto. Io non voglio niente. Vorrei solo il mio letto a soppalco: dormire, io sopra e Fabio sotto.

"Via Padova", ci dice Federico, "è il quartiere più europeo di Milano, ricorda la Londra dei Beatles ma viene vissuto come un problema di ordine pubblico". "Via Padova è meglio di Milano", ha detto un bambino. "Non andare in via Padova che ci sono i brutti ceffi", mi ha detto un altro bambino. Ma io ci abito, in una traversa di via Padova. Ci sono pareri discordanti, su via Padova: non solo tra i bambini ma anche tra i suoi abitanti. Per alcuni è il ghetto, la casbah, il Far West o la banlieue italiana più disastrata. Per altri, invece, rappresenta l'East End milanese: un modello di convivenza possibile. C'è chi non vorrebbe mai entrarci, c'è chi non vorrebbe mai uscirne.

Lascio Gioia mentre chiacchiera con Federico, mi sottraggo agli altri cercando di mantenere l'equilibrio, essendo abbastanza bilanciata: mio figlio nel marsupio e la spesa nello zaino e la collana al collo. Apro la porta e sono sul marciapiede.

Vedo il solito gruppo di musulmani che entrano ed escono dalla Casa della cultura islamica, che sta di fronte a me, dentro un palazzo, sopra un'autofficina, in un ex magazzino. È talmente frequentata che il venerdì devono smistare i fedeli in altri posti perché lì dentro non ci stanno tutti. Cerco tra di loro il ragazzo egiziano che ho incontrato per caso al Leoncavallo: è come trovare un ago in un pagliaio.

È tardi, seguo la corrente, torno a casa. Camminando sotto le luminarie accese, con la scritta "Auguri" in tutte le lingue, camminando di fianco alle saracinesche abbassate, per la chiusura anticipata dei negozi, camminando in mezzo alle forze dell'ordine, a causa della militarizzazione della strada, camminando solo tra uomini. Non è un bel camminare, questo. È un camminare tra aspettative tradite, anche. Non c'è nessuno ad aspettarmi sotto al mio palazzo, non c'è nessuno ad aspettarmi davanti al mio appartamento.

Devo indire un'assemblea con tutti gli altri condomini: punto primo, ripristinare i citofoni, punto secondo, mettere sui citofoni le targhette con i nomi e i cognomi. "Via Clitumno 11, citofonare Paola Rossi", forse mi trova.

"Non siamo nati soltanto per noi", ha detto Cicerone. "Chi va solo, va bene", avrebbe detto mia madre. "Non portare dentro casa tutti i serpenti che trovi in giardino", avrebbe aggiunto mio padre. Che parlava poco, ma quando parlava, era incisivo. E di incisioni, parlando poco, me ne ha fatte parecchie. "Una ferita fa male ma guarisce. Una parola cattiva fa male per sempre", avrebbe detto mia madre, che l'aveva sposato. "Fin che morte non vi separi", gli aveva detto il prete. E loro avevano ubbidito. La loro morte, però, non mi aveva separato da loro. Anzi. "La lontananza ogni gran piaga salda", avrebbe detto mia madre. Si sbagliava. "Non esiste separazione definitiva fino a quando c'è il ricordo", ha detto Isabel Allende.

Ricordo il ragazzo egiziano incontrato per caso al Leoncavallo: assomigliava a mio padre, aveva il suo stesso sguardo. Preparo da mangiare, per me e per mio figlio. "Chi mangia da solo muore da solo", avrebbe detto mia madre. E, comunque, io non sono sola: ho Fabio. Questa notte, come ogni notte, lo farò addormentare nel suo lettino su rotelle e poi lo porterò a dormire con me nel mio futon sul tatami. Devo smetterla di pensare che Dio mi abbia regalato un fidanzato. Anche perché sono atea. Ma noi siamo inevitabilmente una coppia. "Via Clitumno 11, citofonare Paola Rossi".

Viale Monza

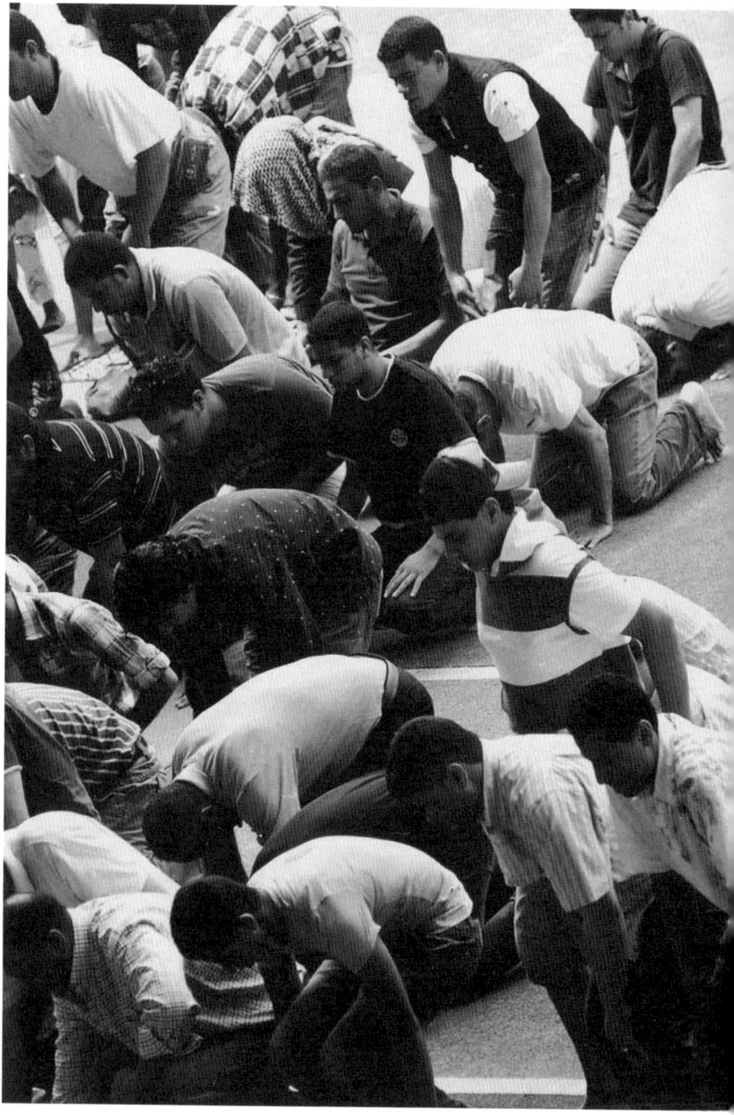

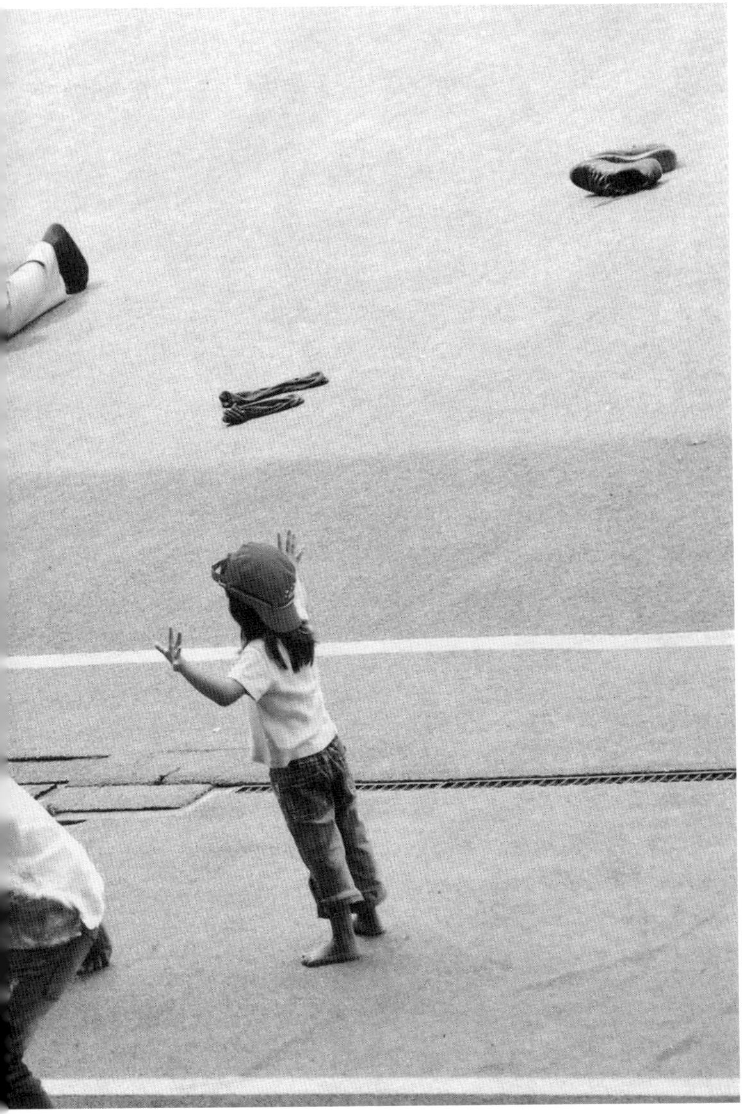

Ora faccio il lavapiatti. Guadagno ottocento euro al mese, per fare il lavapiatti. Io i piatti li lanciavo, pieni di cibo mica di avanzi, al di là del muro che recintava il giardino di casa mia. Quello che mia madre mi cucinava con tanto amore finiva nello stomaco perennemente affamato dei gatti del mio vicino. Loro diventavano sempre più grassi e io sempre più magro. Ma yehmenish: non mi importava. Anche adesso sono pelle e ossa.

O meglio: pelle, cicatrici e ossa. Le cicatrici me le hanno fatte in carcere, quando mi hanno arrestato per spaccio. Senza muovermi da Milano tiravo su quasi tremila euro al mese svoltando intere casse di ganja, ma non sapevo di fare parte di un circuito internazionale: in galera ho incontrato i miei colleghi, durante il processo ho scoperto che ognuno di noi costituiva una piccola parte di un enorme ingranaggio, di cui non conoscevamo né la struttura né i capi. Una di queste piccole parti era incarnata dentro a un raghel dakhem: un uomo enorme, che si trovava nel mio stesso raggio e che pensava che io lo avessi infamato. Non era vero: non sapevo chi fosse né cosa facesse. Fino a quando non l'ho incrociato, mentre camminavo mani in tasca e mento basso durante l'ora d'aria, in quello che chiamano cortile all'aperto e che invece è una scatola di cemento coperta da un recinto di cielo. Lui sapeva chi fossi e cosa facessi. Ed era convinto di affogare nella merda, per colpa mia.

C'è chi non vuole sentire ragioni diverse dalla sua e si vendica di torti che non ha mai subito: non mi ha ascoltato e mi ha accoltellato. Se la giustizia non è di questo mondo, l'ingiustizia è sicuramente del carcere.

Seghn: carcere, prigione, galera, penitenziario, gattabuia. Tanti nomi, per un solo luogo. Gattabuia rende l'idea. La mia gattabuia era una cella di sei metri quadri con lavandino, water e tre letti impilati uno sopra all'altro: a castello, dite voi. A me quella struttura ricordava un hamburger, marcio e cattivo, di materassi e di corpi. C'ho sempre tenuto abbastanza alla privacy, moltissimo alla pulizia. Lì non avevo né l'una né l'altra.

E se per caso mi veniva in mente di fare la doccia dovevo compilare una domandina. La domandina, in realtà, regolava ogni mia azione: da lei dipendeva tutto quello che potevo o non potevo fare. E veniva valutata, approvata o rifiutata, bila' sabab: senza motivo.

E sempre senza motivo un giorno, dall'esterno, potevo ricevere le patate, i maglioni o le mutande ma non le carote, le felpe e le calze mentre il giorno dopo, dall'esterno, potevo ricevere le carote, le felpe e le calze ma non le patate, i maglioni e le mutande.

Le regole cambiavano all'improvviso: per evitare fregature dovevo tenermi sempre aggiornato. Sembrava uno scherzo, era la realtà. E quando chiedevo spiegazioni mi rispondevano: "Così è". "Se vi pare", pensavo io. Che in gattabuia non facevo altro che leggere, leggere e leggere: a'ra', a'ra', a'ra'. Anche Pirandello. E poi ubbidire, ubbidire e ubbidire: muti°, muti°, muti°. Rendendomi conto velocemente che era meglio non domandare il perché di nessuna cosa. Neanche come mai io adesso sono fuori e mio cugino è ancora dentro.

"La giustizia dei tribunali è sempre legata alla fallibilità umana", ha detto il mio avvocato. "C'è chi sostiene che è meglio un colpevole fuori che un innocente dentro", ha poi aggiunto. Io ero fuori, mio cugino dentro: appunto. Ora io vivo in via Venini, mio cugino è ancora in gattabuia.

Umarti: il mio palazzo. Il mio palazzo è un casermone. Tra la parola casermone e caserma non c'è molta differenza. Il mio casermone è stato costruito durante il fascismo: mi hanno detto. Sembra tagliato con l'accetta, è quasi privo di balconi ed è formato da quattro blocchi: appiccicati uno all'altro, ognuno con il suo cortile e la sua portineria.

Apro le persiane dell'appartamento che condivido con cinque maghrebini e vedo quello della famiglia di meridionali che abita di fronte a noi. Ho la sensazione di entrargli in casa. E non è una sensazione piacevole: vorrei prendere una pistola, puntargliela contro e spargli addosso, beccandone uno a caso. Uno vale l'altro. Sono tutti grassi e urlanti: la donna ai fornelli, l'uomo in ciabatte e i bambini in tuta.

Io la tuta non la uso mai, né in casa né fuori. E non vado in palestra: al massimo giocavo a calcio nel parchetto che sta proprio davanti al mio palazzo. Giocavo. Anzi: giocavamo. Egiziani contro marocchini, marocchini contro tunisini, tunisini contro algerini. Oppure egiziani contro egiziani, marocchini contro marocchini, tunisini contro tunisini, algerini contro algerini. La solita guerra tra poveri, dite voi. Ma noi ci divertivamo: e questo, probabilmente, dava fastidio. Infatti non giochiamo più: prima hanno recintato il parchetto, vietandone l'accesso dalla sera al mattino e poi hanno eliminato il campo da calcio, sostituendolo con degli scivoli e delle altalene.

Ci sono rimaste solo le panchine, su cui bere o fumare, mentre guardiamo i bambini giocare dove un tempo giocavamo noi.

Su quelle panchine io ho dormito: mi hanno cagato in testa i piccioni e mi hanno pisciato di fianco i cani, ma era sempre meglio che mescolare il mio sonno con quello degli altri sfigati che come me raggomitolavano i loro corpi chiudendo i loro occhi sulle panche e sui pavimenti, freddi e sporchi, della stazione Centrale.

Su quelle panchine adesso, giusto nel mezzo, hanno messo una sbarra che voi chiamate bracciolo: e che impedisce a chiunque, se non è molto piccolo, di sdraiarcisi sopra. Alcuni amici che sono andati ad abitare nel nord-est, però, mi hanno detto che lì è ancora peggio perché a Treviso e a Trieste, per esempio, le panchine le hanno proprio fatte sparire: via il dente via il dolore, dite voi. Shil il ders tertah: tolto il dente ti riposerai, diciamo noi.

Quelle panchine si trovano proprio sotto l'edifico in cui vivo: non l'avrei mai immaginato, più di dieci anni fa, quando mi addormentavo guardando il palazzo in cui oggi abito. Ma non avrei neanche mai immaginato che avrei dormito a turni in un letto a soppalco: perché là sopra lo spazio non basta per tutti, neanche se ci stringiamo come merci accatastate in una stiva. E così, se qualcuno vuole riposarsi, qualcun altro deve svegliarsi.

Di quel letto a soppalco vogliamo sbarazzarci. Potevo venderlo a una tipa che ho incontrato per caso al Leoncavallo, ma devo aver perso il biglietto che mi aveva dato, con su scritto il suo indirizzo e il suo citofono. Forse l'ho lasciato nella tasca dei jeans che ho messo nella lavatrice a gettoni, probabilmente si è triturato: spero che non abbia intasato lo scarico.

Però mi sa che la tipa il letto a soppalco lo voleva gratis: è una che pensa che tutto le sia dovuto senza che lei debba dare niente. Una gatta morta. Più morta che buia, anche buia comunque. È una gattamorta gattabuia che nella vita non fa nulla e passa il suo tempo a menarsela. L'ha menata anche a me, con la storia che era orfana e ragazza-madre, ma poi in realtà vive con i soldi ereditati dai genitori e lascia suo figlio a una vicina di casa. Per andare a ballare e a ubriacarsi al Leoncavallo.

Anch'io ci vado a ballare e a ubriacarmi al Leoncavallo, ma appena posso mando dei soldi ai miei genitori in Egitto. E non vedo l'ora di abbracciare mio figlio, che non è in Egitto, ma è qui a Milano. Avrà tre anni, adesso. Ho una sua foto da neonato come immagine-sfondo del mio iPhone: è da quando gliel'ho scattata che non lo vedo.

Il cellulare l'ho rubato a un ragazzo italiano con i dread, la felpa con il cappuccio, i pantaloni a cavallo basso e le scarpe da ginnastica con la suola alta che si stava riempiendo di birra in un bar di milanesi fighetti gestito da un senegalese in Porta Venezia.

Questo ragazzo non capivo se mi facesse più pena o più rabbia, era il tipico finto rasta-gangsta. Tifl midalla°: un bambino viziato. Uno di quelli che abitano ancora con mamma e papà: mamma gli prepara la pappa e gli rifà il letto, papà gli mette la benzina nell'auto e gli dà la paghetta per uscire a divertirsi. Probabilmente passa ore in bagno davanti allo specchio per arrotolarsi i capelli e sta ore in camera davanti ai video hip hop per imitare l'atteggiamento dei rapper, ma di sicuro non ne sa nulla né della religione jamaicana né della vita nel ghetto. E, soprattutto, si alcolizza dimenticandosi in giro i telefonini. Ablah bigadd: un vero idiota.

Mentre glielo fregavo, il senegalese proprietario del locale che stava lavorando dietro al bancone, a servire cocktail e a prendere soldi, non mi ha visto: se no mi avrebbe sicuramente sputtanato, dato che non c'è sempre molta solidarietà tra noi dell'Africa bianca e loro dell'Africa nera.

La madre di mio figlio si chiama Laura: è italiana, giovane, bella e ricca. Portava il suo labrador a cagare nel parchetto di via Venini: lei con in mano il sacchetto per la merda, io con in bocca un chupa chups all'arancio. Sulle mie labbra deve esserci sempre appoggiato qualcosa: siccome non posso bere o fumare in continuazione, ogni tanto mi faccio di lecca lecca. Faranno anche ritardato o frocio ma me ne frego. In più questo mio nuovo vizio fa colpo sulle femmine: sempre attratte dagli immaturi e dai gay, meglio se anche un po' stronzi. Il bello e impossibile funziona ovunque. Anche al parchetto di via Venini, anche con la tipa col labrador. Infatti lei mi guardava, e io la guardavo: le ho chiesto come si chiamava, quanti anni aveva, se era fidanzata, se mi lasciava il suo numero di cellulare e se prima o poi voleva uscire con me.

Le ho telefonato la sera stessa, le ho dato appuntamento la mattina dopo in San Babila, ci siamo presi io un caffè ristretto e lei un cappuccino tiepido seduti ai tavolini all'aperto di un bar in corso Vittorio Emanuele.

Gli altri clienti erano tutti turisti: americani e asiatici. A parte una bionda, sola, simile a quella che mi stava al fianco: solo più vecchia. Certe femmine sono tutte uguali, anche se stagionate diversamente sembrano prodotte dallo stesso stampo. Poi è arrivato un uomo sui quarant'anni vestito a festa che le ha detto: "Ciao Gioia", e lei si è alzata e lo ha abbracciato e gli ha sorriso esageratamente come fanno solo le persone che stanno male: e che per dimostrare di stare bene mettono troppa euforia in ogni gesto.

I miei occhi si sono staccati dalla donna e sono tornati a guardare la ragazza. Le ho chiesto cosa faceva nella vita: che per me è importante, soprattutto se coincide con quello che vuoi fare. Mi ha raccontato che si stava laureando in Scienze Politiche e che desiderava lavorare per una Ong in Africa. Le ho detto che ero egiziano e che stavo inseguendo i miei sogni: ahlami. Poi la solita storia, che per me è un incubo ma che per lei evidentemente era una fiaba romantica: il viaggio in gommone fino a Lampedusa, i mesi come pastore in Sicilia, il tirare a campare a Napoli, il treno diretto per Milano Centrale, le notti a dormire in stazione, l'amicizia con un ragazzo libico: il consiglio di rivolgermi alla Casa della Carità, in fondo a via Padova.

Ha iniziato a sbattere le ciglia. Le ho chiesto: "Ti è entrato qualcosa negli occhi?". Mi ha detto: "No, perché?". "Sbatti continuamente le ciglia", le ho spiegato. "Mi capita quando mi emoziono", mi ha risposto. "Nefsaha twaka°ni: questa ha voglia di cazzo", ho pensato. E non mi sbagliavo.

Mi è costata quasi venti euro per un caffè, un cappuccio e un deca di mancia che ho lasciato alla cameriera rumena, ma me l'ha data subito e senza preservativo: tempo di entrare nel suo grandissimo appartamento all'ultimo piano di un antico palazzo di viale Monza. Le sono venuto dentro, a lei e al suo grandissimo appartamento all'ultimo piano di un antico palazzo di viale Monza.

Mi guardava estasiata. "Che c'è?", le ho chiesto. "Niente, niente", mi ha risposto. Poi ha iniziato ad accarezzarmi: "Hai una pelle bellissima, morbida e vellutata", ha commentato. Mi sentivo il protagonista di una pubblicità di una crema per il corpo. "Sembri distratto", mi ha detto. "Lo sono", le ho risposto.

Stavo pensando ad altro, stavo pensando all'Aids: cercavo di scacciarlo dalla mia testa con la stessa velocità con cui, fin da piccolo, agitando le braccia intorno al corpo mi toglievo di dosso le mosche. Che però tornavano sempre: come quella paura che continuava a ronzarmi dentro. Elli yetlesea men el nar, yomfokh fel zabadi: chi viene scottato dal fuoco soffia anche sullo yogurt. Ormai qualsiasi cosa poteva spaventarmi. Però mi sono detto che non poteva succedermi anche questo: e, infatti, avevo ragione. La conferma me l'ha data il successivo esame del sangue: ne faccio uno ogni tre mesi.

Temo che, come è capitato a mio padre, anche a me possa venire una cirrosi epatica. Sono sicuro che è ereditaria, non geneticamente ma psicologicamente parlando. Certi vizi non li passa il Dna ma la familiarità. E mio padre mi è familiare, 'awy: molto.

La ragazza di viale Monza era troppo sana fuori per essere malata dentro. Matekhdaashi el mazaher: l'apparenza inganna. Beh, in viale Monza no. Viale Monza è un viale strano, ma è sincero. È quel che è, non se la racconta e non te la racconta. È anche pieno di contrasti: ci trovi le regge dei pieni di soldi di fianco alle catapecchie dei senza un euro. Lei stava nelle regge dei pieni di soldi, i miei amici nelle catapecchie dei senza un euro.

"Figo dove abiti", le ho detto. "Mh, sì, mi piace. Era la casa dei miei nonni, qui è nato e cresciuto mio padre: ci sono molto affezionata. Ma sto per trasferirmi". "Dove?", le ho chiesto. "Qui vicino, in via Stamira d'Ancona, stanno costruendo il primo condo hotel di Milano: una via di mezzo tra un albergo a parecchie stelle e un edificio residenziale con quasi cento appartamenti. Ho prenotato un trilocale: me lo dovrebbero dare tra un po' di mesi già arredato, con tanto di biancheria, luci, elettrodomestici e abbonamento a Sky. Ma il top è che posso utilizzare tutti i servizi dell'hotel: dalla portineria che funziona giorno e notte fino al centro benessere. Così, se sono stressata, invece di bermi una camomilla mi faccio un idromassaggio". "Mega", ho commentato. "Comunque", ho aggiunto guardandomi attorno, "anche qui non è male, e scommetto che anche nel tuo bagno c'è un idromassaggio". "Sì: l'ho fatto mettere quando l'hanno ristrutturata, prima di venirci ad abitare. Solo che questa casa dà proprio sul viale, c'è troppo traffico: non è solo il rumore, è anche lo smog che mi disturba", ha detto, affacciandosi al balcone in maglietta e mutande, i gomiti appoggiati sulla ringhiera e il culo che mi puntava contro. Mi sono acceso una sigaretta.

"E non ci sono neanche più le fioriere", le ho detto. "Ah, te le ricordi anche tu?", mi ha chiesto. "Beh, sì: vivo in questa zona da un po' di anni". "E sai anche perché le hanno tolte?". "No", le ho risposto. "Perché i pusher ci nascondevano dentro la droga e quindi il Comune ha deciso di rimuoverle, dopo che nel febbraio del 2007 i residenti della zona hanno fatto una fiaccolata contro lo spaccio e il degrado", mi ha spiegato. "Wow, immagino che così il problema sia stato risolto". "Per nulla: i pusher continuano ad esserci e gli automobilisti, senza fioriere, parcheggiano dove vogliono impedendo il passaggio dei pedoni".

Ne sapevo molto, di fioriere e di pusher, molto meno di automobilisti e di parcheggi, ma non mi sembrava il caso di farglielo sapere in quel momento: mentre la guardavo affacciata al balcone in maglietta e mutande, i gomiti appoggiati sulla ringhiera e il culo che mi puntava contro.

"Non è meglio se ti rivesti?", le ho chiesto. Si è girata facendomi una smorfia che avrebbe dovuto sedurmi. Le ho lanciato addosso i jeans che aveva buttato sul pavimento: "O te li metti o torni dentro". Se li è messi e io l'ho raggiunta.

I pantaloni la fasciavano come se fossero collant. "Non ti sembrano esagerati?", le ho chiesto, cercando di staccarle di dosso un pezzo di stoffa che invece le rimaneva appiccicata alla carne. "Mi piacciono le cose aderenti", mi ha risposto. "Beh questi indossali solo a casa, quando siamo ana we enti: io e te", le ho detto. "Stai scherzando?", mi ha chiesto. Non le ho risposto: ho sorriso e lei mi ha sorriso. Alle donne spesso piace sentirsi trattate come milkiyya khassiyya: proprietà private.

Continuavamo a stare lì sul balcone, sospesi tra la casa e la strada, in piedi uno di fianco all'altro, guardando in basso. Ho incastrato il filtro della Camel che stava finendo tra l'indice e il pollice della mano destra e l'ho lanciato centrando in pieno il cofano di un'auto bloccata tra le altre in mezzo al traffico.

"In effetti tra questo viale e una tangenziale all'ora di punta non c'è molta differenza", le ho detto. "Non è stato sempre così", mi ha risposto. "Faccio fatica a crederci", ho commentato. "Aspetta un attimo", ha ribattuto. È rientrata in casa ed è tornata con un libro: "Era dei miei nonni", mi ha spiegato.

Si è seduta per terra, e ha iniziato a sfogliarlo. L'ho imitata, sedendomi accanto a lei. Il libro era scritto a caratteri molto piccoli e aveva delle foto in bianco e nero. Indicandomene alcune mi ha detto: "Queste sono delle vecchie immagini di viale Monza". "Ma a quando risalgono?", le ho chiesto. "A quasi due secoli fa", mi ha risposto. "Me lo passi?". "Tieni". Kunt a'ra' wa aboss: io leggevo e guardavo.

"Questa strada è stata creata nel 1825 per collegare Porta Venezia alla Villa Reale di Monza", mi ha detto, girandosi un po' verso di me e passando l'indice della mano destra avanti e indietro sopra una foto del viale. Avrei voluto prendere quell'indice della mano destra e passarlo avanti e indietro sopra le mie labbra, poi appoggiarmelo sulla lingua e cominciare a succhiarlo.

"Ma come vedi all'epoca", ha aggiunto, "viale Monza era diviso da filari di platani, intervallato da una serie di piazzette e percorso da carrozze trainate da cavalli". "Non sembra neanche lo stesso posto", ho commentato, strizzandole un capezzolo che si trovava giusto poco sopra le mie dita. "Che fai?", mi ha chiesto, senza spostarsi minimamente. "Gioco", le ho risposto, smettendo subito di toccarla.

Lei, con fare serio, ha continuato: "Mia madre e mio padre mi hanno raccontato che il vero cambiamento è avvenuto nei primi anni '60, quando hanno ribaltato la strada da capo a piedi per far correre sottoterra la linea rossa della metropolitana: ancora oggi questo è l'unico mezzo di trasporto pubblico che collega tutto il viale, da piazzale Loreto a Sesto Marelli". "Per me questa strada finisce a Rovereto, dove c'è il ponte della ferrovia", le ho detto, senza spiegarle nel dettaglio quali erano le mie reali frequentazioni del posto.

"Quel ponte è sempre stato una linea di confine: tra il viale Monza più vivace, più centrale e più antico, che però negli ultimi dieci anni si è riempito di stranieri e quello più tranquillo, più periferico e più moderno, dove invece sono ancora quasi tutti italiani", mi ha spiegato. "Stanno nella zona più brutta e più triste, però", ho commentato. "Dei posti interessanti li trovi anche lì", mi ha risposto, avvicinandosi a tal punto che il suo viso ormai era quasi attaccato al mio: stava per baciarmi. "Elli yedawar yela-i: chi cerca trova", le ho detto, spostandomi leggermente per evitare qualsiasi contatto.

Non sopporto le femmine che mi si buttano addosso. Deve averlo capito subito.

"Eh, già", ha detto, riprendendo a sfogliare il libro fino ad arrivare al capitolo intitolato: "Turro, Gorla e Precotto". "Questi quartieri", ha aggiunto, "sono entrati a far parte della città negli anni '20: sembrano ancora dei paesini di campagna e nascondono degli angoli davvero affascinanti. Solo che, dal dopoguerra, hanno iniziato a costruirgli intorno degli orrendi palazzi, in cui spesso finivano gli immigrati meridionali, toscani e veneti che venivano a Milano per andare a lavorare nelle fabbriche della zona. In uno di quegli edifici vivevano anche i miei nonni". "Ma non stavano in questa casa?", le ho chiesto. "No. Qui abitava mio padre con la sua famiglia, che faceva parte della ricca borghesia milanese mentre i genitori di mia madre erano due contadini pugliesi, che da vecchi sono tornati al paese", mi ha risposto. "E tua madre e tuo padre come si sono conosciuti?". "All'università: frequentavano entrambi la Statale e sono diventati tutti e due professori: mia madre di Filosofia e mio padre di Storia". Avrei voluto conoscerli. Speravo non fossero come certi intellettuali che si interessano agli immigrati con la stessa curiosità con cui gli entomologi si occupano degli insetti: ne avevo incontrati parecchi, così. Un regista di docufilm, per esempio. Ma quello voleva anche farmi, tra l'altro. Ya el araf: che schifo.

Si è alzata, è rientrata in casa e io l'ho seguita, portando con me anche il libro. "Dove lo metto?", le ho chiesto.

"Dove vuoi", mi ha risposto. L'ho appoggiato sul comodino, di fianco a un romanzo. "Cosa stai leggendo?", le ho domandato. "*Le correzioni* di Franzen: me l'ha prestato mia madre ma in realtà non l'ho ancora iniziato". "Posso dargli un'occhiata?". "Certo". "E questa cos'è?", le ho chiesto. "Una foto di mio nonno: la uso come segnalibro". "È ancora vivo?". "No è morto qualche anno fa, subito dopo mia nonna: si amavano molto, lui al funerale me l'aveva anche detto che non voleva più vivere senza di lei". "Assomiglia a un tipo che abita qui vicino, solo che lui una famiglia non l'ha mai avuta", ho commentato. "Come si chiama?", mi ha chiesto. "Tommaso Guarino", le ho risposto. "Non lo conosco", ha commentato. Io sì, e mi mancava: waheshni. Mi mancava il suo sguardo che sfuggiva, mentre le sue parole si depositavano: è stato lui a insegnarmi l'italiano.

Non avevo neppure un lecca lecca. Mi sono acceso una Camel. Aspiravo ed espiravo. Guardavo il fumo che si stendeva a strati orizzontali nella stanza mentre lei si sdraiava sul letto a baldacchino: molto simile al mio letto a soppalco, solo che io il materasso a una piazza e mezza ce l'avevo quasi a soffitto e ci dormivo con altri, mentre lei ce l'aveva quasi a terra e ci dormiva da sola.

"Se vuoi sdraiati qui anche tu", mi ha detto, mettendosi su un fianco, la testa appoggiata alla mano e la mano appoggiata sul gomito. Volevo spogliarla e scoparmela ancora. Stavo per farlo. Poi lei ha detto "il Cairo".

"Hai detto il Cairo?", le ho chiesto, sedendomi vicino a lei, il culo sul materasso e i piedi sul pavimento. "Sì, non mi ascolti?", mi ha risposto. "Il tuo corpo mi distrae ma quello che dici mi interessa". "Mi prendi in giro?". "Sul Cairo non potrei". "Beh ti stavo dicendo che a Turro, appena oltre il ponte della ferrovia, in via Boiardo, c'è un edificio di ringhiera fine '800 che tutti da sempre chiamano il Cairo, forse perché lì dentro si respira l'atmosfera caotica e magica di una casbah. Un tempo era abitato quasi solo da meridionali ma poi si è riempito di stranieri: però qualche italiano è rimasto". "È un posto che conosco: ci vive un mio amico. Un giorno mi ha detto: 'Dai, vieni a trovarmi al Cairo' e io gli ho risposto: 'Stai tornando a casa fratello?'. È scoppiato a ridere, pensava scherzassi. Invece no, non ne sapevo nulla di quell'edificio. Poi mi ha spiegato che si chiamava così il palazzo in cui abitava e io ho pensato che era davvero triste essersene andati dal Cairo e ritrovarsi a vivere al Cairo, sì, ma in una traversa di viale Monza". "Quell'edificio non è triste, anzi. Ci sono andata qualche tempo fa, perché un amico dei miei, Angelo Caruso, un signore di Matera che vive lì e che al piano terra ha aperto un'associazione culturale, ha organizzato una quattro giorni di arte, musica e spettacoli coinvolgendo tutto il palazzo. A me quel posto piace un sacco: è un esempio d'integrazione riuscita", mi ha detto. "Non ne posso più di questa storia dell'integrazione: ma secondo te gli italiani sono integrati in Italia? Io vivo qui da sette anni circa e ne ho incontrati un sacco di italiani che non solo non sono integrati in Italia ma neanche in loro stessi. Kullu ba°id °anni: sono dissociati da tutto", le ho risposto.

Stavamo parlando troppo, °ala ra'i: secondo me. L'ho spogliata e me la sono scopata ancora. Mi sono integrato in un attimo. Sono venuto subito: lei no. Mi sono alzato e le ho chiesto: "Dov'è il bagno?". "In fondo al corridoio, l'ultima porta a sinistra", mi ha risposto.

La vasca idromassaggio era proprio in mezzo alla stanza, prima del cesso e del bidet. Stavo per riempirla d'acqua: avevo voglia di buttarmici dentro. Invece ho pisciato nel cesso, mi sono lavato nel bidet e l'ho raggiunta. L'ho trovata in piedi, vestita.

"Hai voglia di uscire?", mi ha chiesto. "Anche sì", le ho risposto. "Dove andiamo?". "Scegli tu". "Hai fame?". "Shewaya: un po'". "Ok, allora ti porto a Precotto, in uno di quei posti che adesso sembrano solo delle fermate della metropolitana ma che un tempo erano dei piccoli borghi. E poi mi dici se hai ancora l'impressione di stare in città". "A me piace la città: io adoro il traffico, il rumore e lo smog". "Pure il cemento?". "Pure". "Ma non ti manca l'Africa?". "Veramente il Cairo è una jungla, ma metropolitana".

"Andiamo", mi ha detto. "Cambiati i pantaloni e anche la maglietta", le ho risposto. "E cosa dovrei mettermi?". "Qualcosa di più largo e di più coprente". Atta°at: ha ubbidito. E si è cambiata.

"Ci conviene prendere la metro sennò arriviamo troppo tardi", mi ha detto. Ho aperto il portafoglio e le ho dato un biglietto dell'Atm: con me ne ho sempre una scorta. Mi ha ringraziato. E poi mi ha chiesto: "Ehi, Samir, ma perché mi cammini sempre davanti?". Mi sono fermato, l'ho aspettata e le ho messo un braccio intorno alla vita: "Di el a'dat: questa è l'abitudine", le ho spiegato.

Appena usciti dalla metropolitana ci siamo trovati davanti a un palazzo moderno: al piano terra c'era un bar, apparentemente triste, con due vetrine affacciate sulla strada e, sopra, una scritta: "Cooperativa San Filippo Neri". Non ero sicuro di voler mangiare in un posto dedicato ad un santo.

"Entriamo", mi ha detto. L'ho seguita. Ero a disagio, circondato da vecchi pensionati e giovani impiegati, tutti italiani. Mi ha preso per mano e mi ha portato in un giardino. Huwa el raghel illy yata'addam as-set: è l'uomo che porta la donna, solitamente.

Ci siamo seduti su delle panche in legno, davanti a delle tovaglie a quadretti, sotto un pergolato di glicine, tra il cinguettio degli uccelli. Effettivamente non mi sembrava di stare a Milano. E non mi dispiaceva neanche. Solo che voleva pagare lei: questa figuraccia me la sono evitata.

Ho speso circa venti euro, per due primi, due secondi, due contorni, due dolci e una bottiglia grande di birra. Quasi quanto nel bar di corso Vittorio Emanuele per un caffè, un cappuccio e un deca di mancia a una cameriera rumena.

"Torniamo a casa a piedi?", mi ha chiesto. "Come vuoi", le ho risposto. Ero sottomesso: mancava solo che fosse lei a camminarmi davanti. Ma il problema vero era che non volevo innamorarmi. Adatan ana babawwas elli fi idi: di solito rovino tutto quello a cui tengo.

"In questo posto ci sono stato", le ho detto. Stavamo passando davanti a una villa su due piani, circondata da un cancello e nascosta da qualche albero.

"Sei venuto qui?", mi ha chiesto. "Sì: a una serata techno. Non è che mi ricordi molto. Ci siamo arrivati perché a quell'ora questo era l'unico locale aperto e noi volevamo berci un'altra birra. Ci siamo infilati dentro un corridoio e siamo finiti direttamente davanti al bancone del bar. E lì ci siamo fermati a lungo, prima di andare a ballare in una piccola stanza con le pareti tappezzate di teloni optical e manifesti politici". "Ah, sei stato al circolo anarchico Ponte della Ghisolfa: da giovani ci andavano anche mia madre e mio padre, perché all'epoca questo era uno dei luoghi più attivi, sia a livello politico che culturale. Oltre a fare delle feste, hanno sempre portato avanti varie iniziative: dalle campagne per Giuseppe Pinelli e Pietro Valpreda alle degustazioni di cibi e bevande organizzate con Luigi Veronelli fino agli spettacoli teatrali di Paolo Rossi e Marco Paolini". Sikut: silenzio.

Poi ha aggiunto: "Ma tu sai chi sono Pinelli, Valpreda, Veronelli, Rossi e Paolini?". "Io sì. E tu sai chi sono Galal Amin, Abdel Wahab Elmessiri, Bahaa Taher, Youssef Chahine, Khaled el-Khamissi e Ala Al-Aswani?", non volevo essere provocatorio e neanche metterla in difficoltà, ma la domanda mi era uscita spontanea. L'eurocentrismo che diventa italiacentrismo e finisce con il milanocentrismo spesso mi irrita.

"Ala Al-Aswani è l'autore di *Palazzo Yacoubian*, giusto?", mi ha chiesto. "Sì, ed è un grand'uomo: oltre a scrivere vari romanzi e a collaborare con diversi giornali, ha contribuito a creare il movimento di opposizione 'Kifaya', 'Basta', che ha lottato contro il regime di Mubarak. Chi pensa che gli egiziani non siano in grado di disobbedire al governo si sbaglia, e di brutto".

Stavo per raccontarle altre cose sulla mia terra. Ma ho sentito una fitta nello stomaco. El hanan ebn el kalb: nostalgia canaglia. L'ulcera è molto diffusa tra gli immigrati.

Mi sono aggrappato al "qui-ora" e le ho chiesto: "Ma sai se in questa casa ci abita qualcuno?". "Un occupante che sta al primo piano e si lamenta per tutto ed è lì da non so quando. E poi, proprio di fianco al Ponte della Ghisolfa, c'è l'Ateneo libertario, un altro circolo anarchico: ha una casa editrice, "Zero in condotta" e organizza concerti, conferenze e presentazioni di libri. Da lì sono passati anche Pino Cacucci, Paco Ignacio Taibo II e Moni Ovadia".

Mi piaceva Moni Ovadia. Mi piaceva il suo modo serio e ironico di essere ebreo. E, soprattutto, mi piaceva lei. Mi piaceva il suo modo impegnato e scorrevole di parlare. Forse dovevo iniziare a preoccuparmi, non solo per l'Aids. Ed era strano anche quello: di solito non facevo l'amore senza usare il preservativo. Di solito mi preservavo: dalle malattie. E dai sentimenti: wa °an el ihsas.

"Ti va se ci sediamo da qualche parte?", mi ha chiesto.
"Sì", le ho risposto.

Mai che le facessi incontrare una negazione. Eppure da voi si trovano un sacco di libri su "L'importanza di dire no": solo che non li ho mai letti. Arfaduhu: mi rifiuto. È da sempre che faccio il bastian contrario, come dite voi, e non avrei mai pensato che qualcuno dovesse insegnarmelo. Però i manuali di autoaiuto non li ho mai letti: anche se in Italia vendono più dei romanzi e meno dei ricettari. E hanno pure dei titoli assurdi. Ma a parte "Come smettere di bere" e "Come smettere di fumare", che non mi interessano, forse "Come essere felici" e "Come diventare ricchi senza stress" avrei dovuto almeno sfogliarli, prima di lasciare il Cairo. Magari ci avrei trovato il consiglio: matghish fi Italia, non venire in Italia.

"Come smettere di mangiare lecca lecca" l'hanno pubblicato?

E così mi trovavo in viale Monza, con in bocca una sigaretta, senza birra e senza chupa chups: di fianco a una ragazza che mi stava addomesticando. Addomesticare vuol dire creare dei legami, e i legami creano dei bisogni: c'è scritto anche ne *Il Piccolo Principe*. E comunque io avevo altri bisogni: non potevo permettermi di avere bisogno di lei.

"Giriamo dentro questa via", mi ha detto: "In fondo a questa strada c'è il parco di Villa Finzi, che all'inizio dell'800 era uno dei palazzi più belli della zona e adesso invece è un centro sociale per anziani: ti va se andiamo lì?", mi ha chiesto. "Guarda che non abbiamo l'età", ho commentato. "Intendevo andiamo al parco, non nella villa", mi ha spiegato. "Allora ok", ho concluso.

Ci siamo sdraiati sull'erba. Lei con le braccia incrociate dietro la testa, a guardare il cielo che si stava riempiendo di nuvole e io appoggiato su un fianco, a guardare la sua bocca che sembrava un cuore. Dokha: una vertigine. Scappi perché desideri buttarti. Ti ritrai per paura di cadere quando hai la sensazione di cadere per la voglia di gettarti. Mi sono buttato per evitare di scappare.

Come al solito non mi è bastato baciarla. Ho dovuto accarezzarla: le mie mani scivolavano senza problemi fuori e dentro i suoi vestiti finalmente larghi e coprenti. Mentre il suo sguardo si perdeva e io mi perdevo nel suo sguardo. Aktar min al lazim: questo era troppo. Mi sono slacciato i pantaloni, ho preso la sua mano e l'ho messa nei miei boxer. Dovevo venire e riprendere il controllo. Sono venuto e ho ripreso il controllo. Lei ha tirato fuori della maria, anche di qualità, e si è fatta una canna.

"Vuoi?", mi ha chiesto. "No", le ho risposto. Eccola qui la mia prima negazione: ero quasi soddisfatto. "Come mai?", mi ha domandato. "Non mi piace", le ho spiegato. Io la vendevo, mica la usavo: anche per non diminuire i profitti. Ma non solo: in realtà non ho mai apprezzato i suoi effetti.

Mi sono acceso una Camel, per farle compagnia. "Li vedi questi edifici?", mi ha chiesto, indicandomi un gruppo di palazzi sfregiati dalle finestre e butterati dai balconi. "Sì che li vedo: sono davvero brutti". "Sono quelli dove abitava mia madre: è venuta a vivere qui da piccola e ci è rimasta fino a quando si è sposata. All'inizio lei, i suoi genitori e i suoi fratelli erano molto contenti, perché finalmente stavano in un appartamento grande e luminoso e potevano anche utilizzare alcuni spazi comuni, come i giardini interni, i campi da gioco, i bagni pubblici e i locali di ritrovo. Poi però si sono ricreduti: questo complesso di case popolari doveva essere una specie di cittadella autosufficiente e invece ben presto si è trasformato in un ghetto, dove regnavano la delinquenza e lo spaccio. Adesso però pare che la situazione sia migliorata". "Qualche tuo parente vive ancora lì?", le ho chiesto. "No. Se ne sono andati tutti prima che io nascessi, all'inizio degli anni '80: proprio quando un vecchio padiglione situato in fondo a uno dei cortili è diventato la sede del Teatro Officina, un gran bel posto, che ha sempre proposto spettacoli alternativi e che un tempo stava in viale Monza, dove ora c'è lo Zelig", mi ha risposto.

"Lo Zelig il programma televisivo?", le ho domandato. "Sì ma all'inizio lo Zelig era solo un locale di cabaret. Lì, quando ancora non erano famosi, si sono esibiti comici come Claudio Bisio, Antonio Albanese, Aldo Giovanni e Giacomo, Gene Gnocchi. E pure Elio e le Storie Tese", mi ha detto.

"Quelli di 'Servi della gleba a testa alta'?", le ho chiesto. "Già, la conosci anche tu?", mi ha domandato. "Sì: quella canzone è l'inno di un mio amico italiano, ma in realtà secondo me può essere considerato l'inno di qualsiasi maschio italiano", le ho risposto. "Perché il maschio egiziano è diverso?". "È una questione di stile, direi". "Cioè: cambia la forma ma non la sostanza?", mi ha chiesto. "No: nello stile, quello vero, forma e sostanza coincidono", le ho risposto. "Fammi un esempio", mi ha detto. "Beh, per esempio, il maschio italiano", le ho spiegato, "può avere una sola moglie ma ha anche delle amanti: giusto?". "Solitamente no: talvolta capita". "Ok: quando capita forma e sostanza non coincidono. Mentre l'uomo egiziano, anzi musulmano, può avere diverse mogli quindi non ha bisogno delle amanti: forma e sostanza, come vedi, in questo caso coincidono". "Sì ma questo principio è antidemocratico, perché alla donna la stessa cosa non è concessa", ha commentato. "In epoca pre-islamica la poligamia valeva sia per i maschi che per le femmine", ho ribattuto. "E poi, che è successo?". "Bah: direi che ci siamo fatti furbi". "Ah, ecco". "Comunque l'uomo musulmano, per avere tante mogli, deve poterle mantenere tutte. Mentre ci sono maschi italiani che si fanno mantenere sia dalla moglie che dalle amanti", le ho detto. "Evidentemente anche il maschio italiano si è fatto furbo", mi ha risposto.

"E che mi dici di tutti quei maschi, musulmani, che vengono in Italia e si sposano con un'italiana solo per rimanere qui e farsi mantenere da lei?", mi ha chiesto. "In questo caso lo stile c'entra poco: è una pura questione di sopravvivenza", le ho risposto. "Pura? Non direi". "Sì ma l'italiana, per molti di noi, in realtà rappresenta l'Italia e, più in generale, l'Occidente: che ha sempre preso senza mai dare. A cui, quindi, si può anche rubare qualcosa: che tanto non andremo mai in pari". "Messa così la storia con la esse maiuscola, quella politica, sociale ed economica, diventa una storia con la esse minuscola, decisamente privata e anche un po' meschina: perché sfrutta i sentimenti di un singolo individuo per vendicarsi di un'intera parte di mondo", mi ha detto. "È inutile farla così complicata. Quelli che vengono qui, di solito, scappano dalla fame o dalla guerra o da entrambe le cose: è ovvio che il sogno sia quello di tornare a casa e, magari, di sposare una come noi: enta aula bi bent baladak, donne e buoi dei paesi tuoi", le ho spiegato.

"Torniamo verso casa?", mi ha chiesto. Siamo passati

sopra la Martesana, di fianco a noi sfrecciavano le macchine, sotto di noi scorreva l'acqua. Mi sono affacciato per vedere meglio: il piccolo fiume, la stradina percorsa solo dai pedoni e dalle biciclette e le vecchie case alte al massimo tre piani con le facciate gialle e le persiane verdi. Anche qui Milano sembrava ancora un paesino di campagna. E continuava a non dispiacermi. Ma mi bastava alzare di nuovo la testa per vedere solo il viale: il suo traffico intenso e i suoi palazzi moderni.

"Che ne dici se andiamo al Tempio d'oro?", le ho chiesto. "Ti piace quel posto?", mi ha domandato. "Abbastanza. E poi è a un passo da casa tua ma è anche vicino a casa mia". "Ma tu, dove abiti?", mi ha chiesto. "In via Venini, davanti al parchetto in cui ci siamo conosciuti", le ho risposto. "Passo sempre da lì quando vado a trovare i miei", ha commentato. "Allora ci rivedremo ancora", ho ribattuto. Si è fermata di colpo, ha sgranato gli occhi e mi ha detto: "Voglio sperare". "Anch'io", le ho risposto. Più per necessità, che per convinzione. Forse ci stava un bacio. Invece abbiamo ripreso a camminare.

"Questa villa un tempo era un bordello", mi ha detto. "Un tempo quando?". "Durante il fascismo". "E adesso?". "Adesso è un normale palazzo: con uno scalone d'ingresso in marmo e degli appartamenti splendidamente decorati". "Tanto normale non è", le ho detto. "Hai ragione", mi ha risposto lei, che viveva in una reggia.

Siamo passati sotto il ponte della ferrovia e siamo tornati nel mio viale Monza: proprio sotto la catapecchia di un amico che voleva diventare medico e che invece aveva iniziato a spacciare cocaina. "Gli italiani evidentemente preferiscono curarsi così", mi aveva detto.

Poco più avanti c'era il Cappados, una discoteca gestita

da un egiziano tra i trenta e i quarant'anni, uno di quelli che probabilmente ce l'ha fatta e che per proteggere i risultati raggiunti se ne va in giro dentro un furgoncino con i vetri oscurati e si circonda di buttafuori gonfiati da eccessi di palestra. Nel suo locale ci vanno solo gli stranieri: maghrebini, albanesi, rumeni e zingari, che spesso litigano tra loro. L'ingresso costa venti euro, una birra dieci: il sabato sera ci trovi anche l'operaio marocchino che si brucia in una notte quello che sì è sudato in cinque giorni mentre durante la settimana ci sono quelli che i soldi si preoccupano più di spenderli che di guadagnarli. Quando facevo il pusher, wahid minhum: ero uno di loro.

Il mercoledì sera prenotavo un tavolo con gli amici, mi sedevo sui divanetti rossi, i gomiti appoggiati sui braccioli e le gambe distese in avanti, mi facevo servire bottiglie di champagne e vassoi di frutta fresca, fumavo sigarette e narghilè, osservavo i dipinti sulle pareti che rappresentavano scene dell'antico Egitto e ascoltavo la musica araba, balcanica e reggaeton proposta dal cantante e mixata dal dj. Mi sentivo a casa: fi beti. Oddio, a casa: mi sentivo come quegli italiani che vengono in vacanza in Egitto e passano il loro tempo dentro un villaggio turistico. Mi sentivo in un posto che faceva di tutto per mettermi a mio agio: ne apprezzavo le buone intenzioni mentre guardavo la danzatrice del ventre, italiana, che faceva impazzire il pubblico, pagante. Al massimo potevo immaginare di essere il suo privato, bibalash: gratuito. Quindi le sorridevo quando lei mi sorrideva, ma non allungavo le mie banconote per raggiungere le sue mutande. Alle cinque, quando il posto chiudeva, me ne andavo. Lewahdi: da solo.

"Questa cartoleria c'è da una vita: da piccola ci venivo a comperare i quaderni e le penne", mi ha detto, indicandomi delle grandi vetrine all'angolo tra viale Monza e via Varanini. "È uno dei pochi negozi italiani rimasti in questa zona, giusto?", le ho chiesto, soprappensiero. "Già", mi ha risposto.

Già: io non sapevo come era viale Monza prima ma so com'è adesso. Soprattutto spostandosi sul marciapiede opposto, ed entrando in via Crespi. Un rettilineo di soli trecento metri, sorvegliato dalle telecamere, in cui ci sono una ventina di attività commerciali: più della metà gestite da immigrati. Il phone center bengalese, il ristorante sudamericano e la macelleria islamica sono dei veri e propri punti di ritrovo per le diverse comunità che si dividono in gruppi, fuori e dentro questi locali, disegnando i confini territoriali sull'asfalto dei marciapiedi.

Da questa zona, negli ultimi anni, gli italiani sono scappati in massa, vendendo o affittando, spesso a prezzi assurdi, i loro appartamenti, il più delle volte fatiscenti, agli immigrati. Ya ibn el kalb: bastardi. Ci speculano sopra, al nostro bisogno di avere un pavimento sotto i piedi e un soffitto sopra la testa: anche se stanno per sprofondare, con noi schiacciati in mezzo.

Questo è il rischio che corrono quelli che vivono al numero 10 di via Crespi: in una vecchia casa di ringhiera con pochi fiori e parecchie paraboliche, dove abitano molte persone che conosco, alcune bene e altre di vista. Non solo maghrebini ma anche cinesi, filippini, sudamericani, rumeni, bengalesi, indiani e cingalesi. Qui, appena fa un po' caldo, escono tutti all'aperto: i bambini giocano nei cortili, le donne chiacchierano sui ballatoi e gli uomini si incontrano per strada. E quando incroci un italiano lo riconosci subito, perché sembra sempre fuori posto: mush fi makanuhu.

Fuori posto mi è sempre sembrato anche Mirando Berti,

il proprietario dell'Osteria Berti, un signore all'apparenza malinconico che avrà circa settant'anni: lui quelli come me non li sopporta. Così io gli sto alla larga. Ana mabahebbysh akun mish ma'bub: non amo non sentirmi amato. Peccato perché la sua enoteca è un bel posto, con le piastrelle azzurre e i tavoli in legno, fanno dei piatti buoni e propongono dei vini ottimi: lo dicono tutti quelli che ci vanno.

Io, invece, vado nel negozio che gli sta proprio di fronte: l'Antica tabaccheria Varisco, perché i proprietari mi sono simpatici. Da loro non ci compro solo le sigarette, ma a volte ci mangio e ci bevo. Lì ho conosciuto anche una trans, che fa la badante. E Tommaso Guarino, un artista che insegna italiano agli immigrati: a casa sua. È per questo che sono andato da lui.

Vive in via Termopili, una traversa di via Crespi, dentro un appartamento pieno di mobili troppo vecchi e troppo scuri: opprimenti. "Non li ho comprati io: li ho ereditati dai parenti", mi ha spiegato. "E infatti sembrano i mobili della nonna", ho commentato. Lui non si è offeso e ha continuato a farci lezione: gratuitamente.

"Come pittore e scrittore ti senti così inutile che hai bisogno di fare qualcosa di concreto nel sociale", mi ha detto. Ho guardato i suoi quadri e ho letto i suoi testi: sono belli ma tristi. "Ho sempre dipinto e scritto il mondo dell'emarginazione, cercando di trovare la poesia nella disperazione. Ma l'emarginato e il disperato, forse, sono io", mi ha spiegato.

Poi, una sera, mi ha confidato: "Sembrano i mobili della nonna, ma non sono i suoi. Li ho acquistati tutti io, per far credere agli altri, e soprattutto a me stesso, che fossero ricordi di famiglia: io sono stato abbandonato da piccolo".

Avrei voluto abbracciarlo, ma mi sembrava eccessivo,

temevo di metterlo in imbarazzo. Le confessioni vanno accolte con naturalezza: bi tabi°iyya.

Lui ha continuato a parlare, cambiando argomento: "Mi sono trasferito qui negli anni '70: questo palazzo era uno dei più belli, perché aveva il bagno e il riscaldamento. All'epoca i miei vicini di casa erano quasi tutti meridionali: famiglie numerose, che facevano un gran casino, che parlavano una lingua strana e che mangiavano delle cose strane. Che venivano visti con diffidenza dai negozianti, che invece erano quasi tutti settentrionali. Con la stessa diffidenza con cui adesso gli italiani guardano voi".

Altro che diffidenza: noi che siamo arrivati in Italia dalla fine degli anni '90 in poi siamo trattati come rifiuti gettati dal mare sulle coste e veniamo lasciati in attesa di essere smaltiti altrove. Ma poi, altrove, non sempre riusciamo ad andare e a volte restiamo qui, in quello che c'è il rischio che rimanga sempre un altrove: makan tani. Altrove rispetto a noi.

Via Crespi è meno altrove di Milano. E in una traversa di via Crespi avevo anche cercato lavoro. C'è un ristorante eritreo, in via Marco Aurelio, che mi piace un sacco: si chiama Mar Rosso, al posto del soffitto ha una tettoia in legno e paglia, è tutto colorato di rosa, viola e bordeaux e fanno bene lo zighinì. Il luogo è gestito da un tipo di classe, che è nato ad Asmara e poi si è sposato con una del suo Paese, conosciuta in Italia. Andavo da lui a pranzo, quando potevo permettermelo. Poi sono tornato per lasciargli il curriculum, ma non mi ha mai richiamato. Quindi adesso se devo passare in quella strada evito di camminare davanti al suo negozio e me ne vado sul marciapiede di fronte per non fargli pensare che lo sto pressando. Quando cerchi un impiego ti senti come uno che va in giro a chiedere l'elemosina. Mazlul: è umiliante.

Non avevo molti problemi di soldi, mentre ero in giro con Laura: in via Varanini, sul lato di viale Monza opposto a via Crespi.

"Sei mai stato in questo posto?", mi ha domandato indicandomi la libreria islamica Iman. "No, mai", le ho risposto. "Io sì", mi ha detto. "Volevi comprarti un burqa?", le ho chiesto. "Non li vendono: però hanno dei chador bellissimi", mi ha risposto. "Neanche mia madre li metterebbe", ho commentato. "Come mai?", mi ha domandato. "È una fan di Hoda Sha'rawi, la femminista egiziana che nel 1923 si tolse il velo dando scandalo, mentre si trovava nell'affollata stazione ferroviaria del Cairo", le ho spiegato. "E tu che ne pensi?", mi ha chiesto. "Del velo? Che spetta alla donna decidere se indossarlo o meno: negli anni '70, in Egitto, c'erano più minigonne che hijab mentre oggi moltissime ragazze hanno deciso di vestirsi all'islamica", le ho risposto. "Come Asmaa?", mi ha domandato. "E chi è?", le ho chiesto. "È la figlia dei proprietari di questa libreria: suo padre e sua madre, entrambi laureati, sono algerini, mentre lei è nata a Milano, si è diplomata in Design della Moda e fa realizzare su suo disegno, seguendo i dettami dell'Islam rivisitati in base al gusto occidentale, molti degli abiti e degli accessori che vedi esposti", mi ha detto.

Eravamo lì, fermi davanti a quella vetrina, come due bambini bloccati davanti a un rivenditore di giocattoli. Lei molto entusiasta, io un po' meno.

"E tu com'è che sai tutta questa storia?", le ho domandato. "Ci ho chiacchierato una volta che sono entrata nel suo negozio: io ero incuriosita dal posto e lei era incuriosita da me. Così abbiamo iniziato a parlare", mi ha detto. "Di vestiti e di bigiotteria, ovviamente", ho commentato. "Non solo. Qui dentro trovi di tutto sulla cultura islamica: dvd, cd e migliaia di libri, scritti in arabo, in italiano, in francese e in inglese", ha ribattuto. "Hai comprato qualcosa?". "Un testo sul dialogo tra le fedi monoteiste". "Sei credente?". "Penso che ci sia un Dio, ma che probabilmente sia molto diverso da come ce lo immaginiamo. E tu?". "Wallah el azim: Allah è misericordioso". "Quindi avrà misericordia anche di me?". "Lui perdona tutti per tutto". "Detta così suona peggio del condono", mi ha detto. "Di sicuro possiamo berci una birra, senza problemi", le ho risposto.

Il Tempio d'oro era la via di mezzo: alwast. Non stava solo a metà strada tra casa mia e casa sua ma stava anche a metà strada tra quello che ero io e quello che era lei. E anche Renato, il proprietario, stava a metà strada: era nato a Tunisi da genitori siciliani e a vent'anni si era trasferito a Milano. Mi ha salutato, appena sono entrato. Laura mi ha chiesto: "Lo conosci?". "Non bene", le ho risposto. "E allora perché ti ha detto 'Ciao Samir' dandoti una pacca sulla spalla?". "Perché il cuoco che lavora per lui è un mio amico". "È italiano?", mi ha domandato. "No, egiziano", le ho risposto.

Ci siamo seduti a un tavolo, di fianco all'enorme buffet. Io ho ordinato una birra media, lei un bicchiere di rosso. Ci siamo riempiti di cibo, forse perché era compreso nel prezzo, quindi ci sembrava gratuito: io ho mangiato piatti di tutti i tipi, lei ha scelto esclusivamente quelli vegetariani. Quando abbiamo finito mi ha detto: "Sai che qui sono nati il circolo Società civile di Nando Dalla Chiesa e l'associazione umanitaria Emergency di Gino Strada?". "Non lo sapevo", le ho risposto. "Però io in questo posto, qualche anno fa, ho vinto il Colanzo", le ho detto. "La sfida culinaria tra piatti italiani e piatti stranieri cucinati dai clienti?". "Sì".

Tabbakh: il cuoco. Avrei dovuto fare il cuoco. Avrei voluto fare il cuoco. Il mio amico che lavorava al Tempio d'oro non aveva neanche vinto il Colanzo. A dire la verità non aveva nemmeno partecipato alla gara. Mentre io sì.

"Ti accompagno a casa", le ho detto. "Ok", mi ha risposto. Mi succedeva la stessa cosa, con il mangiare e con le persone: stavo bene quando non ne avevo bisogno. Quando invece ne avevo bisogno, di mangiare o di persone, se potevo mi rimpinzavo fino a quando la misura era colma, come dite voi. Ighat el akhir: fino a non averne più voglia.

"Come si chiama il tuo labrador?", le ho chiesto. "Sonny: ti piace?", mi ha risposto. "Ragazzo mio? Mi fa un po' impressione. Ma in realtà mi fanno un po' impressione i cani, in generale. A me piacciono i gatti. Però a casa ho tre scarafaggi: Sizzla, Capleton e Shaggy". "Che nomi sono?". "Sono quelli di tre cantanti reggae". "Ti piace quella musica?". "Sì". "Io invece ascolto solo new-age". "Roba che potrebbe rendermi sterile", le ho detto. "Se vuoi ti faccio sentire qualcosa", mi ha proposto. "No, grazie", ho commentato.

Era meglio se l'avessi accontentata: dopo nove mesi è nato nostro figlio. Per circa un mese non l'ho più sentita né vista. Lei non mi ha cercato, io non l'ho cercata.

Ho cercato di tenermi lontano da viale Monza, però, rimanendo il più possibile in via Venini. In via Venini c'è la mia casa, c'è il mio lavoro e c'è il mio parchetto. Fiha hayati: c'è la mia vita, concentrata nel tratto di strada che va da piazzale Caiazzo a viale Brianza. Un tratto che raccoglie la via Venini più calma: quella della media borghesia, dite voi. Beh, ci sono anch'io: tra i molti italiani, dentro le case antiche o dentro i pochi negozi. Mi piace stare qui: nel ghetto preferisco andarci ogni tanto, non viverlo sempre.

E infatti ogni tanto ci vado: nell'altra via Venini. Quella più caotica, quella parallela al primo pezzo di viale Monza, quella che sembra il primo pezzo di viale Monza: solo più stretto e più corto. Quella che parte in via Sauli e finisce in piazzale Morbegno: quella popolare, dite voi. Dove ci sono molti di noi, dentro le case vecchie e dentro i tanti negozi. Quando vado in quella via Venini, solitamente il lunedì che è il mio giorno libero, frequento sempre gli stessi posti e faccio sempre le stesse cose. Biyahtahni: è rassicurante. E io ho bisogno di sentirmi rassicurato.

Prendo il caffè all'enoteca-bar Lidia, un posto gestito da cinesi che dentro è tutto in legno e assomiglia a una baita di montagna ma fuori quando c'è bel tempo mette i tavolini all'aperto e ci puoi stare per ore anche solo a guardare la gente che passa. Saluto gli amici che hanno aperto la Biglietteria etnica Amrun Travel, una stanzetta spoglia con le pareti gialle e rosa, due divani, una scrivania, tre computer, musica araba di sottofondo, una mappa della Giordania, una bandiera palestinese, un bassorilievo della moschea di Gerusalemme: chiedo il prezzo dei voli Milano-Cairo, sognando di tornarmene a casa, almeno per un periodo, come fanno tutti i loro clienti. Mangio un doner kebab da Euro Instanbul, il locale di Gokhan: un turco che ha la mia età, si fa chiamare Denis dagli italiani e Ali dagli arabi, apre alle undici e chiude alle due, tutti i giorni. Praticamente vive lì dentro ma è il capo di se stesso, e fa il cuoco. Da lui non prendo la birra: la vende ma non la beve, e io non voglio ritrovarmi addosso gli occhi di un musulmano astemio quando decido di ingurgitare alcool.

La birra la compro in piazza Morbegno, al bar Tender, mentre gli studenti di architettura fotografano gli esterni di Casa Lavezzari. Questa piazza è un bivio: tarik muftari'.

Se vado dritto non trovo niente che mi interessi, se giro a destra entro in via Varanini e mi ritrovo di fianco al Tempio d'oro e a un passo da viale Monza mentre se vado a sinistra passo sotto il ponte della stazione Centrale, supero quello che scavalca la Martesana e arrivo in zona Greco dove c'è il Leoncavallo. Ultimamente vado a sinistra. Se non rimango fermo al bivio prima di tornare sui miei passi, nella mia via Venini: dove c'è la mia casa, il mio lavoro e il mio parchetto.

Dopo un mese che non la vedevo, ho iniziato a rivederla sempre più spesso: lei continuava a venire al parchetto con Sonny e io continuavo ad andare al parchetto con gli amici. Era chiaro che volessi stare con loro. Lei cercava di agganciarmi e io cercavo di evitarla. Binel°ab °ala elfar wal otta: giocavamo al gatto e al topo. Fino a quando non sono caduto in trappola: un pomeriggio si è presentata con il pancione. A babbo morto, dite voi: a figlio vivo, ho pensato io.

Ridendo, le ho chiesto: "Ma sei incinta?". "Sì: è tuo", mi ha risposto. Mi sono alzato dalla panchina e sono andato da lei. "Stai scherzando?", le ho domandato. "Mai stata così seria", mi ha risposto. "E vuoi tenerlo?". "Sono oltre il quinto mese: non potrei abortire neanche volendo e comunque non voglio". "Tu sei pazza". "E tu sei uno stronzo", mi ha detto. "Sicuramente", ho ribattuto. "Io voglio stare con te". "Io non penso". "Non pensi o non vuoi?", mi ha chiesto. "Ci penso", le ho risposto mentre me ne andavo. "Te ne pentirai", mi ha urlato. Ma'lesh: no problem. Meglio l'incertezza del rimpianto che la certezza del rimorso, ho pensato.

Il giorno dopo mi ha scritto un messaggio chiedendomi di vederci per un aperitivo. Non le ho risposto. Lau kan el kalem men fadda yeb 'a el sekut men dahab, se le parole valgono argento il silenzio vale oro. Quattro mesi dopo mi ha scritto un altro messaggio dicendomi che era nato Nicola. Sono andato a trovarla. Lui era splendido: al-hamdulillah, grazie a Dio. "Vuoi stare con me?", mi ha chiesto. "Ci penso", le ho risposto mentre me ne andavo. "Allora non vedrai più né me né tuo figlio", mi ha detto. Gli ho scattato una foto, quella che uso come immagine-sfondo per il cellulare, e non li ho più rivisti.

Quando mi sono presentato sotto casa sua, sperando di trovarli, il portinaio mi ha detto che lei e suo figlio si erano trasferiti e che la casa era stata venduta. Non sono andato in via Stamira d'Ancona a cercarli.

Non vorrei rivedere lei, vorrei solo rivedere mio figlio. Giocare con lui al parchetto di via Venini, farlo scendere dallo scivolo e farlo dondolare sull'altalena. Farlo conoscere ai miei amici. Andare alla biglietteria etnica Amrun Travel e comprare un volo per due Milano-Cairo. Presentarlo a mia madre e mio padre. Insegnargli a lanciare i piatti, pieni di cibo mica di avanzi, al di là del muro che recinta il giardino di casa mia. Che poi sarebbe anche casa sua. Insha-allah: se Dio vuole.

Invece sono con la sua foto sul mio iPhone, mentre lavo i piatti: tutti i giorni escluso il lunedì, dalle nove alle quindici e dalle diciotto alle ventiquattro, ma sul contratto risulta che lavoro dal martedì al venerdì, solo la mattina. In pratica il week-end e la sera sono un fantasma della ristorazione: fatti miei se in quelle ore mi ustiono mentre mi passano una pentola rovente. D'altronde potrebbero anche venirmi l'artrosi alle mani, per tutto il tempo che le tengo dentro l'acqua, e l'ernia al disco, per tutto il tempo che sto piegato sul lavandino. Sono gli effetti collaterali del mio mestiere, questi. Da aggiungere alla mancanza di sonno e alla mancanza di tempo. Oltre alla mancanza di autostima. Ma devo ritenermi fortunato perché mi hanno assunto part time, a tempo determinato: adesso sono uno con il permesso di soggiorno, volendo potrei anche uscire dall'Italia. Ma se me ne vado perdo il lavoro e mi ritirano il permesso di soggiorno. Quindi rimango: come un serpente che si morde la coda. Avendo i soldi contati: per l'affitto, i vestiti, le birre e le sigarette. I chupa chups non incidono molto sul mio salario: che mi arriva metà in busta e metà in nero. Quelli in busta vengono pagati sempre in ritardo con assegni postdatati, quelli in nero vengono dati puntuali probabilmente per non farmi innervosire troppo. Ma lo stesso trattamento viene riservato pure al cuoco, che è italiano. E in altri ristoranti succede anche di peggio: ti mettono in prova per una settimana e poi ti dicono "No, grazie", senza neanche pagarti. E devi cercarti un altro posto, con il rischio di vagare per sempre. Così noi subiamo, wa noskut: e stiamo zitti. L'unica volta che ci siamo lamentati chiedendo al capo di metterci totalmente, e non parzialmente, in regola, ci ha risposto: "Dietro di voi c'è la fila". Lui, il capo, è un cinese piccolo, brutto e cattivo: piscinin, brut e cativ, dite voi. E ha pure la puzza sotto il naso: è convinto che Pechino sia il centro del mondo, altro che Milano, figuriamoci il Cairo. Tra l'altro gli hanno anche detto che gli egiziani fanno bene le pizze, ma lui mi fa lavare i piatti.

Io i piatti li lanciavo, pieni di cibo mica di avanzi. Ed ero pelle e ossa. Ma yehmenish: non mi importava. Fino a quando sono arrivato in Italia. E ho vissuto dei periodi in cui non riuscivo a mettere insieme il pranzo con la cena, come dite voi. In quei periodi continuavo ad essere pelle ed ossa: ma mi importava. Perché avevo fame. E mi pizzicavo la pelle e mi tastavo le ossa.

Da quando ho lasciato l'Egitto ho avuto i crampi allo

stomaco, ho cercato gli avanzi nei cestini, ho pranzato alle mense dei poveri e ho accettato l'invito a cena di un regista. L'ho conosciuto quando vivevo alla Casa della Carità: lui cercava storie hard per i suoi docufilm, io cercavo un letto soft in cui dormire. Più che parlarmi mi ha intervistato. Con la voce di una donna nel corpo di un uomo. Poi mi ha chiesto il numero di cellulare e io gliel'ho dato. "Magari ci risentiamo per approfondire il discorso", mi ha detto. Il discorso, evidentemente, ero io.

Anni dopo mi ha chiamato. "Ciao Samir", mi ha detto. Una parlata da checca così non potevo non riconoscerla subito. "Ciao Pietro", gli ho risposto. "Ti va di uscire a cena con me stasera?", mi ha chiesto. Il tempo di aprire il frigorifero e di vedere che era vuoto per rispondere "Fen: dove?". "Troviamoci in piazzale Loreto all'angolo con viale Monza, alle otto e mezza". "Mashi: va bene", gli ho detto.

In piazzale Loreto all'angolo con viale Monza gli africani ci vanno all'alba, per essere reclutati dai caporali, oppure di notte, per vendere coca come sputapalline. Io ci andavo di sera perché ero stato invitato a mangiare in un ristorante. "Tahassant katir: che progresso", ho pensato.

"Ti trovo bene", mi ha detto. Non potevo affermare lo stesso di lui. "Andiamo?", mi ha chiesto. "Ok", gli ho risposto. "Il locale è qui vicino", ha aggiunto.

Siamo passati davanti al Saverio's cafè: il bar di un ecuadoregno che, naturalmente, si chiama Saverio. È nato in Ecuador e si è trasferito a Milano quindici anni fa: è uno che dell'Italia ama il calcio e la letteratura. E infatti, nel suo locale, sulle pareti e sui ripiani, mette in mostra le bandiere dell'Inter e i libri di Saviano come se fossero suoi personali trofei: ogni volta vorrei chiedergli se l'Ecuador, in quanto a calcio e a letteratura, non ha mai prodotto nulla ma poi alla fine mi bevo il caffè, guardo sua figlia e sua moglie che lo aiutano dietro il bancone e sto zitto.

Io e Pietro, mentre stavamo attraversando la strada, abbiamo incrociato una ragazza bianca con un bambino olivastro. Si tenevano per mano: lui con il braccio in su, lei con il braccio in giù. Le dita di uno intrecciate in quelle dell'altro. Potevano essere Laura e Nicola, ma non lo erano. Lui le ha detto "Ehi, mamma", lei gli ha risposto "Dimmi amore". Lui non mi ha detto "Baba!", io non gli ho risposto "Nam, ya soccar".

Il ristorante di fronte a cui eravamo arrivati si chiamava Il ritrovo degli artisti, aveva una piccola vetrina e una piccola insegna. Anche la stanza in cui siamo entrati era piccola: poteva accogliere al massimo trenta coperti. Ci siamo seduti in un angolo. Ci hanno portato il menu ma io, invece di leggerlo, fissavo le foto appese sulle pareti: molte delle persone che comparivano in quelle immagini le avevo già viste, in televisione o al cinema.

"Chi sono questi?", gli ho chiesto. "Dei vip, o presunti tali, che frequentano questo posto", mi ha risposto. "Ci sei anche tu?". "No: però c'è la mia fidanzata". "Qual è?". "Questa", mi ha detto, indicandomi una bionda, simile a Laura, solo più vecchia. "Come si chiama?", gli ho chiesto. "Gioia", mi ha risposto. "Ed è una vip o una presunta tale?". "Ogni tanto lavora per Lele Mora, un manager che ha la sua agenzia qui di fronte". Avevo sentito parlare di quell'uomo, mai bene.

"Volete ordinare?", ci ha chiesto il cameriere. Non avevo ancora scelto, quindi ho scelto a caso: hassab el hal. "Linguine con l'astice e branzino in crosta di patate", ho detto. "Io invece per primo prenderei la burrata pugliese con gnocco fritto e per secondo la costata all'antica", ha aggiunto Pietro.

Ancora prima che arrivassero i piatti mi ha chiesto di raccontargli la mia vita. Temevo mi passasse la fame. Gli ho parlato della mia casa, del mio lavoro e del mio parchetto, mentre pensavo alla ragazza bianca con il bambino olivastro. Lui mi ha detto che gli sarebbe piaciuto vivere un po' con me per poter filmare le mie giornate attimo dopo attimo. Ho avuto la sensazione che volesse mangiarmi, mentre stavamo mangiando.

"Se ti interessa puoi vedere qualche mio docufilm prima di decidere", mi ha detto. "E dove lo trovo?", gli ho chiesto. "Puoi andare su internet e digitare 'Vitello': lì ci sono alcuni miei lavori che puoi scaricare gratuitamente", mi ha risposto. "E cos'è che devo digitare?". "Vitello: è il mio nome d'arte". Avrei voluto essere il suo macellaio, più che altro.

Ha pagato e mi ha detto: "Vuoi un passaggio: sono in macchina". "Aiwa: sì". Aveva parcheggiato poco lontano, davanti alla casa occupata di via dei Transiti. Che, da clandestino, avevo frequentato parecchio, perché lì dentro c'è l'ambulatorio medico popolare: dove, quando ero malato, mi facevano le visite e mi davano le ricette, senza chiedermi né i documenti né i soldi. Questo posto è sotto sfratto: eppure continua a funzionare. Io non ci vado più, ma i pazienti non gli mancano di certo. Un tempo la sala d'attesa era sempre piena: di molti giovani immigrati e di qualche barbone italiano. Sia gli uni che gli altri stanno aumentando.

"Sali", mi ha detto, aprendomi la portiera di una Bentley Continental GT nuova di pacca. "Bella macchina", ho commentato. "Non è mia, è di Gioia", mi ha risposto. "E te la presta?". "Sì: in questi giorni è fuori per lavoro quindi non ne ha bisogno". "Vivete assieme?". "Sto da lei: ha un attico in zona San Babila. Non è lontano da qui, se vuoi possiamo andarci: ti offro qualcosa da bere". "La shukran: no grazie". "Come vuoi".

Ha acceso, è partito ed è passato sotto casa di Laura. Quella dove non abita più da quando è nato mio figlio. Mi è sembrato di vedere una ragazza, appoggiata al balcone, in maglietta e mutande. Non era certo la stagione giusta. "Elbessi: rivestiti", ho pensato.

"Dove ti lascio?", mi ha chiesto. "In via Venini angolo via Palestrina", gli ho risposto. Ha fatto inversione di marcia. "Gira a destra", gli ho detto. "Perché?", mi ha domandato. "Non si passa mai in auto da piazzale Loreto". "Come mai?". È pieno di sbirri: avrei dovuto spiegargli. "Ettammen: fidati", gli ho risposto.

Ha girato a destra. Mi sono allungato sul sedile, volevo mettere i piedi sul cruscotto. E invece lui mi ha messo una mano in mezzo alle gambe, risalendo dal ginocchio verso l'inguine. Manco fossi una checca che si vende sui bastioni di Porta Venezia. Facendo uno scatto mi sono riseduto dritto e gli ho spostato il braccio con violenza.

"Cazzo fai?", ho urlato. Ha sbandato: si è fermato di colpo, in mezzo alla strada. Gli ho preso la testa e gliel'ho scaraventata sul volante. Tenendola premuta, gli ho detto: "Yalla ya wesekh: Vaffanculo!".

Sono sceso, sbattendo la portiera. Ho tirato fuori le chiavi di casa e gli ho rigato mezza fiancata. Ho scartato un chupa chups e me lo sono messo in bocca. Mushagga: è consolatorio.

Sono entrato nel mio appartamento e li ho trovati tutti svegli: c'era chi cucinava, chi mangiava, chi chiacchierava, chi leggeva e chi ascoltava la radio: sempre accesa, solitamente su Popolare Network.

"Ehi Samir". "Dimmi". "Abbiamo trovato una ragazza che vuole il letto a soppalco". "Chi è?". "Una che abita in zona Sarpi". "Dove l'avete conosciuta?". Pensavo mi rispondessero: "Al Leoncavallo". "Non l'abbiamo conosciuta, l'abbiamo sentita alla radio: ha lasciato un annuncio a Passatel. L'abbiamo chiamata e ci ha detto che per lei va bene se glielo portiamo lunedì prossimo". "Ci paga?". "In contanti". "E chi glielo porta?". "Tu: lunedì è il tuo giorno libero". "Ok, domani è martedì: quindi adesso me ne vado a dormire".

Ormai riuscivo a prendere sonno anche mentre gli altri cucinavano, mangiavano, chiacchieravano, leggevano o ascoltavano la radio. Anetawed ala kollu: ci si abitua a tutto. Anche ai rimpianti, penso.

Ho guardato la foto di mio figlio sull'iPhone: "Tesbah ala kheir, buonanotte", gli ho detto. "Wa enta min ahlu, buonanotte", mi ha risposto. Avrà tre anni, adesso. Ebni: mio figlio.

Sarpi

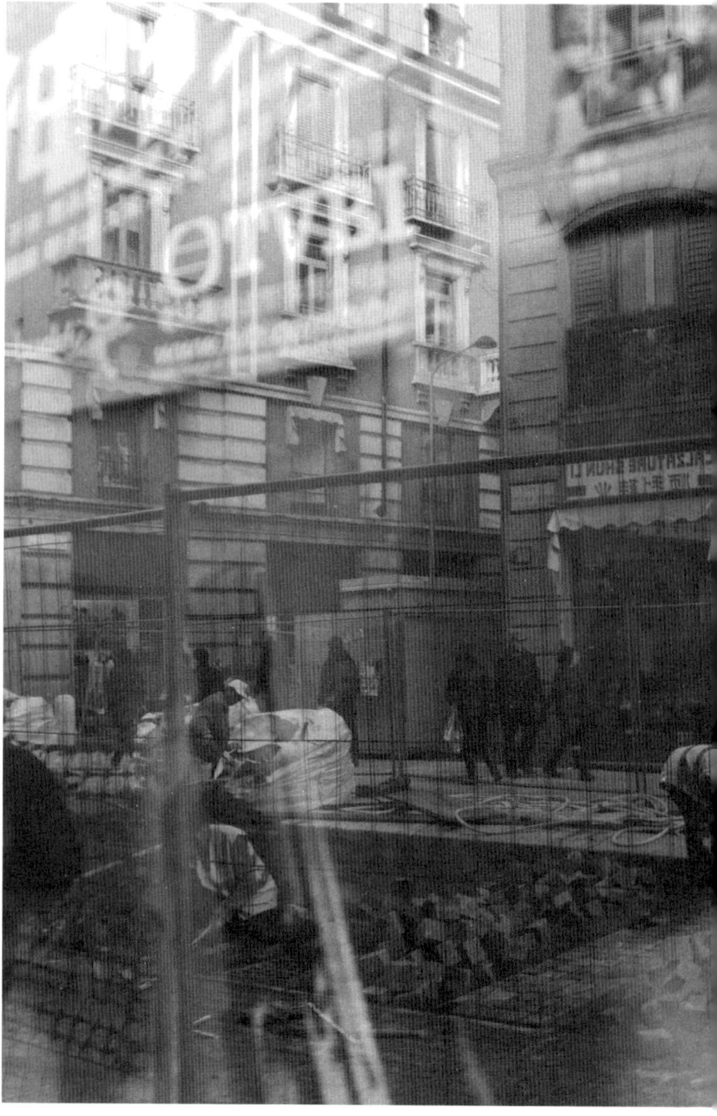

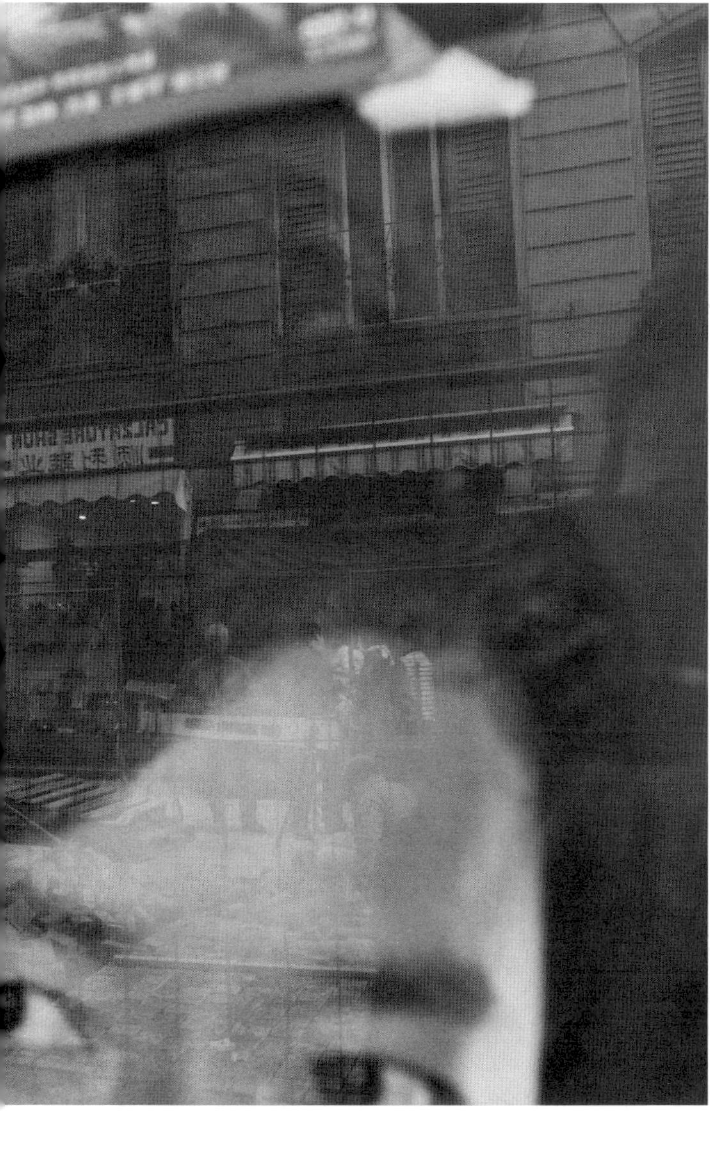

Ore venti, a casa di Gioia. Una di quelle solite cene a buffet. Cibo comprato da Peck, che più che una gastronomia sembra una gioielleria, servito su piatti di carta, che saranno anche ecologici ma si piegano in due appena li riempi troppo. Le solite facce, i soliti discorsi. I soliti sorrisi che distorcono sbadigli di noia e i soliti pettegolezzi che saturano vuoti di comunicazione. Non ho nessuna voglia di andarci. Tantomeno a piedi, anche se via Aleardi non è poi così lontana da San Babila. Ma, visto che per prendere la metro devo arrivare fino in Brera, ne approfitterò per fare un giro di shopping lì intorno.

È vero che il mio quartiere è pieno zeppo di negozi: solo che sono tutti cinesi, e anche loro per fare acquisti preferiscono le boutique del centro: Prada, Valentino e Louis Vuitton sono tra le più gettonate. Io non punto a tanto: vorrei solo comprarmi un paio di stivali alti fin sopra il ginocchio con il tacco di almeno dodici centimetri, che però siano sufficientemente di classe da non farmi sembrare una zoccola. Rischio facile da correre, con quelle scarpe.

Comunque è inutile pensarci ora, che non è neanche mezzogiorno. Solo che oggi non ce n'è. Svegliata da poco.

Due caffè, cinque sigarette, una doccia. Sarei anche pronta. Ma vöja de laurà saltum adoss che mì me spòsti. Tra l'altro è sabato, ma per me non è che cambi molto: non esistono né festivi né ferie né straordinari, nel mio mestiere.

Essere capi di se stessi è un privilegio, ma devi saperlo sopportare e gestire. Creare qualcosa di sicuramente commerciabile e trovarti un numero sufficiente di acquirenti. Darti degli orari e rispettare delle scadenze. Tenere l'irrequietezza a bada. Non mettere il pennello in acqua e abbandonare la tela a se stessa, per andare su Facebook o su Twitter: che a volte mi sembra la cosa più importante da fare. Ma il cazzeggiamento non lo vendo, mentre i quadri sì. Solo che oggi non ce n'è.

Quindi adesso esco, e vado a comprarmi *Repubblica*. Spengo il computer e apro la porta. Macchina digitale appesa al collo.

Mi tuffo in via Paolo Sarpi, nel cuore del mio quartiere, un tempo chiamato el burg di scigulatt: il borgo degli ortolani. Un dedalo di stradine in cui ci si perde e dove non c'è parcheggio, situato poco lontano dal Duomo: tra il cimitero Monumentale, Porta Volta, l'Arena Civica e l'Arco della Pace. Ma è come se mi trovassi nel centro di Pechino.

In giro incrocio solo visi gialli e occhi a mandorla. "Và via gialdùn!", gli avrebbe urlato mia nonna. Io invece li osservo, li fotografo e li dipingo. Cerco di raccontarli.

Comunque, solitamente, prima di vederli vengo avvolta dall'odore dei loro cibi fritti e sono trapassata dal volume delle loro voci acute. Poi sbatto contro i loro carrellini, inciampo nei loro pacchi, mi scontro con le loro biciclette e alla fine investo i loro corpi. Loro non si spostano, io o mi divincolo o mi infortuno: non mi lasciano molta scelta.

Dopo svariate colluttazioni: li guardo. Mi colpiscono

sempre le loro espressioni: distanti. Come se fossero qui, ma si trovassero altrove: ancora in Cina, forse. E in Cina probabilmente siamo. Dunque, in realtà, sono io quella con il viso strano e gli occhi strani, che mangia cose strane e parla una lingua strana.

Nella mia lingua strana, ogni tanto, gli dico "Buongiorno" o "Buonasera". Solo che loro solitamente non mi rispondono: tirano dritto. Mi pödi pissà in lecc e dì che mi hu südà: posso dire qualsiasi cosa. Il risultato è sempre lo stesso: silenzio. Imperturbabilità e indifferenza. Se mi va bene al massimo mi osservano perplessi. Forse si chiedono: "Che dice questa?". Perché i cinesi di Paolo Sarpi, generalmente, l'italiano non lo sanno. Che tanto non gli serve: se parlano, parlano tra loro, in dialetto cinese. In italiano dicono solo: "No", "Non so", "Non voglio", "Non capisco", "Non ho tempo". Ma temo che il massimo godimento lo provino nel non rispondere. Lo gnorri deve essere il loro idolo.

Ho comprato il quotidiano e l'ho infilato nella borsa, mi fermo a leggerlo davanti a un cappuccio e a una brioche nella panetteria di zona. L'unica rimasta aperta. Le altre hanno chiuso: i cinesi mangiano riso, non michette. Quindi questa panetteria per sopravvivere, un po' come il filosofo che si ricicla in opinionista e in psicanalista, si è rifatta il look e anche il curriculum: adesso è tutta patinata, e non vende più solo pane ma fa anche da bar e da tavola calda. E a pranzo si riempie di italiani.

I cinesi, invece, se possono, mangiano nei loro locali, che spesso sono anche abitazioni-laboratori-negozi. La formula tre per uno, quella dello spazio unico in cui vivi, produci e vendi, non è solo una prerogativa di alcuni di noi artisti ma anche di molti di loro cinesi. Però io, nel mio tre per uno che è un loft, adesso ci sto da sola. Mentre i cinesi, nel loro tre per uno che a volte è un seminterrato, ci stanno in quanti ci riescono a stare: creando giochi d'incastri che neanche un mago del puzzle arriverebbe a tanto.

In alcuni di questi scantinati, a volte senza finestre e a volte accessibili da una botola, hanno trovato anche dei bordelli, delle bische e delle banche clandestine: a onor di cronaca, che non so se sia anche a onor del vero. Comunque, per quel che si dice, indipendentemente da cosa fanno, pare che per i cinesi sia semper un gran laurà: sopra e sotto terra. Sono in continuo sbattimento, come le formiche nel mio appartamento.

Mi fanno compagnia sempre, sempre indaffarate e sempre instancabili. Anche Marco era così, solo che ora non c'è più. Lui stava perennemente seduto, davanti al suo Mac, per scrivere degli articoli. Trattava qualsiasi argomento: dalla morte di Lady D all'ultimo film di Wim Wenders. Solo che un tempo, quando internet non esisteva, prima di parlarne si informava direttamente. Andava sul posto o vedeva il film. Nell'ultimo periodo, invece, si informava solo indirettamente. Andando su Google. Il motore di ricerca era la sua finestra sul mondo: lo raccontava senza muoversi da casa, sapeva esclusivamente per sentito dire.

Un giorno ha sentito dire che ero stata con un altro. Non ha neanche valutato l'attendibilità delle fonti. Ha preso tutte le sue cose e se ne è andato. Mi ha lasciato solo la sua fede, appoggiata sopra il coperchio del water. Il mattino dopo ho avuto un aborto spontaneo. Ho perso un marito e ho perso un figlio.

La settimana successiva sono passata da Oriente Store, un negozio di abbigliamento e di arredamento cinese. Girovagando tra i qipao e i paraventi ho notato due oggetti: delle statuette a forma di anatra mandarina simbolo di fedeltà coniugale e un'antica culla su ruote completamente realizzata in legno intagliato. Non le ho comprate.

Sono entrata da Shenzen, invece, e ho acquistato una parrucca fucsia: qualcosa per me. Che mi facesse sentire diversa.

Le formiche, però, non le ho mai perse. Continuano a farmi compagnia, sempre. Corrono da una parte all'altra di questa casa che in realtà è un ex magazzino di cravatte, spalmato su ottanta metri quadri circa: un parallelepipedo di mattoni, ferro e vetro, sdraiato in mezzo a un cortile di ciottolato e circondato da un vecchio palazzo di ringhiera.

In pratica, di questa matrioska edilizia, io sono la bambolina più piccola. A differenza delle altre non dovrei spezzarmi mai e dovrei contenere solo me stessa. Dovrei essere un nucleo, inscindibile e compatto. Stabile. Mi piacerebbe esserlo: invece mi sento vacillante, piena di tagli e di vuoti, che non si cicatrizzano e non si colmano. Ed è forse per questo che guardo gli altri, e li rappresento: per evitare di guardare me stessa, e di rappresentarmi. "Guardala in faccia la realtà è meno dura", cantava Vasco Rossi. Bella frase: solo che mi manca il coraggio. Non è il momento. Süca e melun a la sò stagiun: in un altro periodo, magari.

Per adesso, dunque, guardo i cinesi. Non li capisco. Essere sfuggenti, non esprimere pubblicamente pensieri e sentimenti, sembra che per loro sia un valore. La reticenza diventa mistero. Con i pennelli sulla tela, cerco di dare forma e colore a questo enigma: è il mio modo per afferrarlo, tentando di agguantare l'aria, dato che mi affascinano.

Mi affascina il loro atteggiamento passivo-aggressivo. Simile a quegli animali che rimangono immobili e si lasciano tormentare: per poi, improvvisamente, reagire. D'altronde gatta inguantada la ciapa minga i ratt: con la gentilezza non è che si ottiene molto. Così i cinesi hanno continuato a caricare-scaricare-accatastare-esporre-vendere merci. Impassibili a tutto. Anche ai controlli e alle multe che da tempo ormai gli piovevano addosso. Fino a quando, intorno all'ora di pranzo, il 12 aprile 2007, a una giovane mamma cinese in jeans e maglietta, che aveva lasciato l'auto con dentro la bimba di tre anni in doppia fila, è stata fatta una contravvenzione per divieto di sosta. Lei ha reagito, ed è successo il finimondo. Più di trecento cinesi, che si sono velocemente raggruppati intorno alla donna, sono stati caricati dai poliziotti in tenuta antisommossa, chiamati in aiuto dei vigili. Le forze dell'ordine ci davano dentro con i manganelli, i pugni e i calci mentre i cinesi reagivano come potevano, urlando soprattutto. Lanciando bottiglie, bidoni e cartelli, anche.

Io, macchina digitale al collo, sentendo il trambusto, mi sono precipitata fuori di casa. Marco, invece, è rimasto dentro. Appena varcato il portone mi sono trovata immersa nella guerriglia. Scattavo foto a vanvera: un corpo sanguinante raggomitolato sul marciapiede, i finestrini rotti di un'auto ribaltata, lo sguardo terrorizzato di un bambino, la cintura bianca con la fondina per la pistola, la bocca spalancata di un manifestante, i frammenti di vetro sparpagliati a terra, le vene ingrossate su un cranio rasato, la spazzatura che rotolava fuori da un cestino, il megafono impugnato da una signora, le bandiere rosse con le stelle gialle, il pugno al cielo di un gruppo di manifestanti, le serrande improvvisamente abbassate dei negozi, i guanti neri sulle mani di un poliziotto. Particolari di una rivolta. Dettagli di un quadro che ho chiamato "Gibileri". Poche ore dopo la situazione si è normalizzata. Calma apparente.

Ho scaricato le immagini sul computer. I cinesi questa

volta mi apparivano diversi: i loro visi non erano poi così gialli e i loro occhi non erano poi così a mandorla. Le loro espressioni non erano poi così distanti. Ma, soprattutto, erano a Milano. Non più in Cina.

Marco ha guardato le foto, e ha scritto un pezzo: gliel'hanno pubblicato subito. Il mio dipinto è ancora accatastato tra gli altri, contro una parete.

Questa zona viene chiamata Chinatown. Ma non ha niente a che vedere con le altre che ci sono in giro per il mondo: a San Francisco, a Londra, a New York o a Bangkok, per esempio. In quelle i cinesi ci vivono, qui invece più che altro ci lavorano.

Questo quartiere sembra una torta multistrato, dipende da come lo osservi: se tieni lo sguardo basso sono quasi tutti cinesi, quelli che stanno dal piano terra in giù, se alzi solo un po' gli occhi sono quasi tutti italiani quelli che stanno dal primo piano in su.

In questi edifici tutti simili, fine '800 primo '900, affacciati su ampi cortili interni dove a volte trovi anche dei magazzini e dei laboratori, ci abita la media borghesia milanese: fatta prevalentemente di free lance e professionisti, con un'età compresa tra i trenta e i cinquant'anni, che fanno lavori creativi. Tipo grafici, attori, artigiani, scrittori, registi, fotografi e architetti. Ci sono anche i pittori e i giornalisti, ovviamente. E non mancano neanche gli impiegati e i pensionati, che sono sparpagliati un po' ovunque. Quelli più poveri o più anziani, però, vivono nelle poche abitazioni non ancora ristrutturate, insieme ai nuovi immigrati, solitamente africani, a volte asiatici.

E poi c'è un numero incredibile di negozi: che un tempo erano tutti italiani. Più di dieci anni fa: ma a ripensarci sembrano i temp de Carl Cùdega. Quelli in cui io e Marco eravamo ancora una coppia: fatta di corpi, più che di parole. Che si è rotta appena c'è stato bisogno di affrontare un dialogo.

In quel periodo, se non facevamo l'amore o non stavamo lavorando, passeggiavamo insieme per il quartiere e lui mi comprava sempre qualcosa. La scelta era ampia, e di qualità. Via Paolo Sarpi era una delle strade commerciali più importanti di Milano: faceva a gara con corso Buenos Aires e corso Vercelli. C'erano i grandi marchi e c'erano le piccole attività. Alla fine degli anni '90 hanno venduto quasi tutti: i cinesi pagavano subito e in contanti, tirando fuori i soldi dalle valigette. Una ciav d'or la derva tüt i port.

Adesso i cinesi hanno quasi cinquecento negozi e agli italiani ne sono rimasti solo una ventina. Quelli che frequento io sono ancora di meno: l'edicola dove ho comprato il giornale e la panetteria in cui sono seduta. Poi il colorificio, il fioraio, il cappellaio, l'ottico, il macellaio, la torrefazione, l'elettricista, la latteria, l'erborista, la formaggeria e Le novità dolciarie, un grossista di frutta secca, cicche, caramelle e bibite per ambulanti, dove compro i pistacchi: ha sempre rifornito tutta Milano, ma ormai la sua clientela è composta in prevalenza da extracomunitari.

E infine c'è l'enoteca Cantine Isola. Lì ci vado sempre, da sempre, a prendere l'aperitivo. Un tempo per me offriva Marco, oggi per me pago io: sia da sola, sia in compagnia. Independent woman, mi chiamano. Single sarà più banale ma mi sembra più appropriato. Da single, sola o in compagnia, continuo ad andare in quel posto: mi trovo a mio agio. Mi sembra di stare davanti alla televisione: seduta nel passato osservo lo scorrere del presente, spiandolo attraverso una porta-vetrina su cui è appeso il cartello "spingere" in italiano e in mandarino, tenendo un bicchiere di vino in mano, circondata dalle poesie della Merini, di Prévert e di Goethe, trascritte a penna su dei fogli di carta e appese sui ripiani davanti alle bottiglie.

Questo piccolo e affollato locale tutto in legno è rimasto uguale a se stesso dal 1896 ad oggi. Mentre tutto intorno a lui è cambiato. E continua a farlo.

Adesso questo chilometro di strada è un susseguirsi di lavori in corso. Lo trasformeranno in un'isola pedonale, che probabilmente diventerà un'autostrada per i carrellini e le biciclette, su cui i cinesi continueranno a trasportare le merci. Oggi fanno lo slalom tra un cantiere e l'altro, ma tra qualche mese potranno scivolare tranquillamente sui pavimenti in beola, tra alberi giganti e sempreverdi nani, sotto i lampioni sospesi, in mezzo alle panchine e ai dehors, davanti alle case ristrutturate che diventeranno di lusso.

E agli amministratori comunali che hanno speso cinque milioni e mezzo di euro, sperando con questa mossa di riqualificare il quartiere e quindi di levarseli velocemente di torno, i cinesi volendo potranno fare pure delle sonore pernacchie. Perché da qui i loro negozi quasi sicuramente non li toglieranno. Ed essendo in regola hanno tutte le ragioni per farlo.

I cinesi in questa zona ci sono arrivati negli anni '20, quando mia nonna era una bambina e abitava in via Bramante. Poi è diventata una donna, ma ha continuato a vivere in via Bramante. "Scarliga merlüss che l'è minga el tò üss", diceva ai cinesi. Come al solito, loro non capivano o facevano finta di non capire. "El gh'ha el dun de Dio de capì nagott", commentava mia nonna. Non era molto ospitale, però gli stranieri le piacevano: ma solo se li vedeva al cinema Aurora, quello che stava quasi sotto casa sua.

Ci andava quasi ogni settimana, nel pomeriggio: dopo aver lavato i piatti e prima di rimettersi a cucinare.

Adesso però se abiti in Paolo Sarpi, e vuoi guardare un film sul grande schermo, sei costretto a cambiare zona. L'unico cinema non troppo lontano è l'Anteo, un multisala che sta ai confini di Brera, tra la fine di corso Garibaldi e l'inizio di corso Como, di fronte a piazza XXV Aprile: in pratica nel mezzo della movida notturna milanese, che inizia alle sei del pomeriggio con un cocktail e si conclude alle sei del mattino con il gesso che i marueghi scrostano dalle pareti, e ti vendono come se fosse cocaina.

Mia nonna non c'è più, mio marito neanche e i cinesi sono aumentati. Ormai sono talmente tanti che nel 2003, quando alcuni casi dell'epidemia Sars, l'atipica polmonite apparsa per la prima volta in Cina nel 2002, sono stati registrati anche a Milano, gli italiani per paura del contagio hanno iniziato a girare per la zona con le mascherine sulla faccia.

Solo che i cinesi di Paolo Sarpi non sono mica i cinesi di tutta la Cina. Sono piuttosto, quasi esclusivamente, i cinesi dello Zhejiang: è come se questo quartiere, negli anni, fosse diventato un distaccamento della loro regione.

Per creare la loro succursale, ci hanno squottati. All'inizio prendendosi i laboratori, dove prima hanno lavorato la seta e poi la pelle, alla fine aggiudicandosi i negozi, piccoli loculi con arredi dozzinali dove accatastano merce monotematica venduta all'ingrosso, ma se gliela chiedi te la danno pure al dettaglio: abbigliamento e pelletteria, soprattutto. Chili di mutande, chili di camicie, chili di braccialetti, chili di jeans, chili di borse, chili di scarpe. Chili, non c'è scampo.

Ma nel previsto trovi anche l'imprevisto: mentre stavo comprando una felpa per dipingere, che anche se la sporco tutta non importa, un ragazzo senegalese stava scegliendo un kaftan per sua moglie. "Come mai vieni dai cinesi ad acquistare un abito che arriva dal tuo Paese?", gli ho chiesto. "Perché loro hanno tutto", mi ha risposto. Non gli manca davvero niente.

Piano piano hanno aperto molte altre attività. Supermercati in cui trovi cibi precotti imballati dentro pacchetti colorati come se fossero opere d'arte pop. Macellerie specializzate nel commercio del suino, che comprende anche la pelle, le spalle, i reni e le zampe, perché del maiale, si sa, non si butta via niente. Erboristerie utilizzate come farmacie, spesso chiuse dalle forze dell'ordine perché vendono medicinali contraffatti o scaduti. Phone center multifunzionali che di notte possono diventare dormitori: dopo la chiusura le sedie vengono girate a due a due una di fronte all'altra e si trasformano in letti per pernottamenti a basso costo. E poi c'è anche una Bank of China. Oltre, ovviamente ai bar, alle sale da giochi, ai parrucchieri, alle agenzie immobiliari, agli internet point, alle agenzie di viaggi, ai centri massaggi e ai negozi di hi-tech. Tutti con insegne cinesi e commessi cinesi.

Così tu che sei italiano non ci capisci nulla, di quello che leggi e di quello che senti, degli ideogrammi e del mandarino: tanto che par che te set anda a scoeula de giuvedì. E un tempo le scuole, il giovedì, erano chiuse.

Nei ristoranti, però, il menu è tradotto in italiano ed è illustrato da un disegno. A prova di cretino, quindi. Ce la faccio anch'io. Di ristoranti questa zona è piena, molti sono nati negli anni '80 e il più famoso è sicuramente Jubin: il proprietario è un boss della comunità cinese. Quindici anni fa ha aperto una piccola trattoria da trenta posti in via Bramante, oggi si è allargato talmente tanto che il suo locale ha un'entrata anche su via Paolo Sarpi e può ospitare fino a trecento persone, in tre diverse sale arredate in tre differenti stili. Oltre alla cucina cinese, di entroterra e di mare, propone anche quella italiana e quella giapponese. E siccome mangiare da lui, come dagli altri, costa abbastanza poco rispetto a quello che ti danno, io chiedo sempre troppo: mi gh'u l'oeucc püssee grand del boeucc.

Per colmare i miei vuoti interiori, che a volte ma non sempre sono anche buchi nello stomaco, nei ristoranti io ci entro a qualsiasi orario, come i cinesi: loro si cibano quando hanno fame, li puoi trovare seduti davanti ai lumachini saltati e alle lingue di anatra anche alle dieci del mattino o alle quattro del pomeriggio.

Io ordino per abitudine: involtini primavera e spaghetti di soia. Ero convinta che fossero delle loro specialità fino a quando l'elegante proprietaria di Jin Yong, un ristorante tutto nero, rosso e bianco, con lanterne appese e fontana in pietra, mi ha detto: "Noi in Cina queste cose non le mangiamo, le facciamo solo per voi turisti". Stavo per dirle che in realtà noi, qui a Milano, anche in Paolo Sarpi, siamo nativi, non turisti. Invece le ho chiesto: "Ma del formaggio, al posto del tofu, non è che ce l'avete?". "Per noi i latticini sono una vera schifezza", mi ha risposto, sistemandosi la collana di perle davanti all'ampia scollatura. "La bucca l'è minga stracca se la sa nò de vacca", mi diceva mia nonna ogni volta che, appena avevamo finito di mangiare, mi passava un pezzettino di grana come dessert, prima che mi alzassi da tavola.

Me ne devo andare da qui, che il locale si sta riempiendo e io ho già finito *Repubblica*, cappuccio e brioche da un pezzo. Non si può rimanere seduti quando si è finito di consumare: non siamo mica a Parigi, dove paghi di più ma puoi fermarti al tavolino quanto vuoi. Siamo a Milano, dove tutto se fa de pressa: velocemente. Anche in via Paolo Sarpi.

Quindi pago, esco. E scatto. Per fortuna hanno inventato lo zoom, che mi permette di avvicinarmi rimanendo distante: i cinesi di questa zona non amano essere fotografati, soprattutto da un'italiana. Quelli che però oggi colpiscono la mia attenzione sono tutti miei compaesani, ma anziani: una signora che porta in giro un cane dentro a un passeggino come se fosse un bambino e un signore che cammina con una parabola appoggiata sulla spalla come se fosse una scimmietta.

Li seguo, girano in via Montello, passano davanti al triangolo verde abbandonato, pieno di macerie e di rifiuti, che un tempo accoglieva una scuola di circo e che adesso è diventato un mini campo rom. La vecchia e il vecchio entrano dentro una casa di ringhiera: l'unica in zona conciata davvero male. Spariscono dentro un androne, su per le scale, dentro il loro appartamento. Vedo la carrozzina parcheggiata di fianco alla parabola, tra biciclette, carrelli e televisori rotti. Muri scrostati e tettoie arrugginite. Giro per il cortile. A differenza degli altri, non ha il pavimento in pietra ma in asfalto e all'interno non ci sono magazzini o laboratori ma auto: una decrepita Panda bianca con la scritta "Viva la Calabria" sul parabrezza e un pulmino Mercedes marrone luccicante con i vetri oscurati. Dentro una scultura in pietra è incastrato un mozzicone di sigaretta mentre sotto una madonnina sono appoggiati dei fiori appassiti.

Un ragazzo si affaccia a una finestra e mi urla "Vattin, strunz!". È solo metà pomeriggio ma il sole è appena tramontato. Accolgo l'invito: mi allontano, incamminandomi verso l'Arena. Se giro a destra torno a casa, se giro a sinistra arrivo in Brera. Sto tra 'l gnacch e 'l petàcch: sono indecisa. Fu a tömel e dàmel: tentenno. Ma non ne posso più di cinesi: ho voglia di italiani.

Giro a sinistra: vado a farmi una birra al Jamaica. Luogo di memoria. Familiare. Contenitore di ricordi. Accogliente. In questo bar ci venivo spesso quando frequentavo l'Accademia di belle arti: anche se non c'era nessuno che conoscessi, c'era sempre qualcuno di interessante con cui potevo fermarmi a parlare per ore, volendo. Ora però, anche se voglio, non posso. Non sto bene al bancone, non sto bene al tavolino. Il posto è rimasto simile a com'era, solo che adesso mi sento spaesata: sono diversa io, ed è diversa la gente che lo frequenta. È diversa tutta questa zona, purtroppo.

Questo era il quartiere degli spazzini e delle puttane, dei drogati e dei balordi, degli artisti senza soldi che saldavano il conto al bar regalando le loro opere. E se ti andava bene, girando per le sue strade, potevi anche incontrare un cantante o un regista di quelli che facevano belle musiche o bei film. Mentre adesso, se ti va male, incappi in qualche personaggio alla *Grande Fratello*.

Non ci trovi più le trattorie, i falegnami, le osterie e le sartorie ma hai a disposizione un'ampia varietà di ristoranti costosi, negozi di design, locali trendy e atelier di stilisti. Il massimo del folklore lo offrono le cartomanti: con i loro tavolini profumati di incenso e illuminati dalle candele, allineati lungo le stradine in ciottolati e mattonette, dove un tempo passavano le carrozze.

Questo, decisamente, non è più un posto bohémien: nel giro di neanche trent'anni è diventato un luogo da fighetti, pieno di locali da fighetti. E infatti è proprio qui che voglio comprare le mie scarpe da fighetta.

In questo grande showroom squadrato e bianco, sui pochi mobili assolutamente essenziali, sono appoggiate delle calzature che sembrano installazioni artistiche. Il contrario di Paolo Sarpi. Anche il prezzo è diverso: trecentocinquanta euro, quanto il quadro che ho appena venduto. I conti tornano, anche se non mi avanza mai nulla. Ma non sono ancora finì cont el cu per tèrra.

Affare fatto, telefono a Gioia. "E se venissi un po' prima?", le chiedo. "Chi è?", mi risponde. Ha la solita voce assonnata, causa noia o effetto sensuale: un misto, probabilmente. "Sono Stefania". "Ciao amore, come stai?". "Bene, sono in Brera. Ti va se ci vediamo tra mezz'oretta circa?". "Uh, sì: potremmo preparare insieme la tavola per stasera. Che ne dici?", mi chiede. "Ok, arrivo", le rispondo. Strano: di solito anche per spostarsi una ciocca di capelli dietro le orecchie si fa aiutare dalla colf o da Pietro.

Vado: scendo a Moscova, cambio a Cadorna e arrivo in San Babila. Ultimo piano, l'ascensore si apre direttamente sul suo appartamento. Viene ad aprirmi in baby doll, le unghie dei piedi smaltate di rosso e il viso perfettamente truccato. Però sbadiglia.

"Alzata da poco?", le domando. "Diciamo che ho aggredito le prime ore del pomeriggio", mi risponde. "E tu?", mi chiede. "Quelle di mezzogiorno", commento. "Dove appoggio il giaccone e la borsa?", le domando. "Sbattili dove vuoi", mi risponde. "Ci facciamo un caffè?", le chiedo. "Volentieri: ci pensi tu?", mi risponde. "Ah, ecco", penso. "La colf e Pietro non ci sono?", le chiedo. "Maria si è dovuta prendere un giorno di ferie perché ha avuto dei problemi con il nipote e lui dovrebbe arrivare più tardi ma meno lo vedo e meglio è", mi risponde.

"Che ha combinato stavolta?", le domando. "Bah. Pare che una sera, davanti al Luminal, degli extracomunitari gli abbiano chiesto cinque euro per parcheggiare l'auto: lui non glieli ha dati e loro gli hanno rigato la macchina. La mia, ovviamente". "Oh, cazzo: ma non era nuova?". "Di pacca. Guarda: non sai che odio". "Per gli extracomunitari?". "Ma va', per Pietro: è un T.Rex, ma solo se si tratta dei suoi soldi". "Già". Si è accasciata sul divano, le mani incrociate dietro la nuca e le mutande di pizzo bianco a vista.

"Questa volta però non la passerà liscia: zero perdono", mi dice. "Almeno sta lavorando?", le chiedo. "Beh, lo sai: lui e il lavoro sono due fratelli gemelli, separati alla nascita". "Ma qualcosa starà pur facendo?". "Sta seguendo quel suo progetto su Milano multietnica: in pratica una specie di Lonely Planet dei poveri, solo che è girata come un video invece di essere stampata su carta". "Beh, potrebbe iniziare intervistando quelli che di notte dormono tra i cartoni davanti alle vetrine dei negozi, proprio sotto casa vostra", le dico. "Casa mia", mi risponde. "È vero anche questo". "Ma stai parlando dei barboni di corso Vittorio Emanuele?". "Sì". "Quelli sono quasi tutti italiani, non gli interessano: andavano bene i marueghi che mi hanno sfrisato la carrozzeria della Bentley", mi dice. "Anche tu che gliela presti però", le rispondo. "Dai, lasciamo perdere. E tu, invece: a quando la prossima mostra?". "A maggio". "Sempre sui cinesi?". "Ovvio". "L'hai visto *Giallo a Milano*, il documentario su Paolo Sarpi di Sergio Basso?". "Sì, interessante. Peccato che l'abbiano proiettato alla casa occupata di via Giannone, tra cani che abbaiavano ed elettricità che saltava". "Ma ti pare che a quarant'anni devi frequentare ancora quei posti?", mi chiede. "Guarda che ormai quei posti li hanno sgomberati quasi tutti, purtroppo", le rispondo.

"Dio, a volte sembri Anita", mi dice. "E chi è?", le domando. "Ma come, non te la ricordi?". "No". "Sì, dai: è la mia amica di infanzia, quella che abita con il bambino piccolo, in una topaia di fianco a via Padova". "L'ho mai vista?". "Te ne ho parlato un sacco, comunque ci sarà anche lei stasera". "E?". "E vi piacerete". "Faccio il caffè", le dico. "E se invece ce ne andassimo in Porta Romana?", mi chiede. "Dove?", le domando. "Alle terme di piazza Medaglie d'Oro". "A fa cusè?". "Un'oretta di saune, idromassaggi e percorsi d'acqua sotterranei: per esempio", mi risponde. "L'ultima volta che sono stata in quel posto era un lounge bar", le dico. "Beh, sei davvero vintage tesoro: è dal 2007 che l'hanno trasformato in un tempio del wellness". "Ma è stato ristrutturato?", le chiedo. "Certo. Però la palazzina mantiene lo stile Art nouveau di un tempo e dalle grandi vetrate puoi vedere i resti delle mura spagnole che la circondano", mi risponde. "Assurdo: mia nonna lì ci andava a ballare il liscio negli anni '50", commento. "Se proprio ti interessano i revival ti dirò di più. L'hanno costruita nel 1906, sulle ceneri di un vecchio luna park. Prima di diventare il mitico dancing Ragno d'Oro era una stazione tramviaria: da lì partivano le carrozze trainate dai cavalli che portavano le salme al cimitero di Musocco". "Non ci posso credere". "Ti giuro. Però sbrighiamoci se vogliamo andarci". "Adesso?", le domando. "E quando se no?", mi risponde. "Ma per la cena come fai?". "Che se la sbrighi Pietro quando torna". "Ok". "Allora aspettami qui, mi cambio e arrivo".

Questo attico più che un'abitazione sembra un dipinto, di quelli pregiati esposti al museo: che li puoi guardare, ma non toccare. Eppure loro ci vivono dentro. Mangiano nella cucina d'acciaio inox che non ha neanche un graffio e si lavano nel bagno in ceramica nera dove non c'è neanche un alone.

"Ok, sono pronta". È riapparsa: cappottino svasato, jeans

attillati e stivali alti fin sopra il ginocchio con il tacco di almeno dodici centimetri. "Ma dai: ne ho appena comprato un paio uguale", le dico. "Davvero? Ci sono già i saldi?", mi domanda. "No, stronzetta: li ho pagati trecentocinquanta euro", le rispondo. "Allora non sono uguali. I miei costano quasi il doppio", commenta. "Te li faccio vedere", le dico. "Li hai qui?", mi chiede. "Sì, no, oddio: aspetta un attimo. Merda: non li trovo! Quando sono entrata avevo in mano un sacchetto?", le domando. "No, solo il giaccone e la borsa che hai messo sul tavolo", mi risponde. "Spero di averli dimenticati in negozio". "Prova a chiamare". "Hai le pagine gialle?". "Vai su internet". "Mi accendi il computer?". "Ma non puoi collegarti col cellulare?". "È un Nokia del 2005: è già tanto se prende". "Tieni il mio". "Non lo so usare, cos'è?". "Un iPhone: dammi qua, faccio io". "Grazie".

"Non ci credo", le dico. "Cos'è successo?", mi domanda. "La commessa mi ha detto che l'ha chiamata un ragazzo che in metropolitana ha trovato un sacchetto con dentro un paio di stivali: ha lasciato il suo numero in modo che io possa ricontattarlo. Però devo andare in negozio, perché per darmelo devono riconoscermi". "Poi torni qui?". "Non penso: salutami Pietro, ci vediamo un'altra volta". "Ok, tesoro. Mi spiace un sacco". "Anche a me".

Mi sarebbe mancata quella cena a buffet di cui sapevo già tutto, dal cibo ai piatti, dai sorrisi ai pettegolezzi? Assolutamente no. Solo che a volte non esserci mi risulta più difficile che esserci. "Vuoi che ti chiami un taxi?", mi chiede. "Preferisco andare a piedi", le rispondo.

Ho recuperato il numero e gli ho telefonato subito: voce giovane, cadenza napoletana. "A' faccia do' stivale", mi ha detto. Ero a disagio. "Come facciamo per vederci?", gli ho chiesto. "Bellezza: accetto proposte". Anni di analisi per riuscire a smettere di balbettare e adesso le parole mi uscivano nuovamente a scatti. "Mah, boh, non saprei, dimmi tu". "Lunedì sera, orientativamente vers e' sett, da me?". "Un po' prima non è possibile?". "No". Non era molto accondiscendente. "Ok, dove?". "Verimmec a' Corvetto, annanz' all'Upìm Pop: và buò?". "Come faccio a riconoscerti?". "Non è difficile, sweetie: teng' mman o' sacchet co' 'e scarp. Questo è il tuo numero?". "Sì, perché?". "Nuttin: così, di notte, posso farti 'e scherzett telefonici!". È scoppiato a ridere. Mi sentivo un'idiota.

Volevo tornare a casa e mettermi a letto. Domani era solo domenica. E lunedì pomeriggio dovevo anche incontrare il tipo del soppalco. Però finalmente avrei potuto togliere il materasso da terra. Che in un loft, dove non esistono pareti che separino una stanza dall'altra, l'unico angolo di privacy puoi trovarlo solo innalzandoti: non tre metri sopra il cielo, ma due metri sotto il soffitto.

Sdraiata a pancia in giù, con le mani tra le gambe. Il maglione alzato, i pantaloni abbassati. Ci provo, e non ci riesco. Ce la metto tutta: esperienza e pazienza. Passa un sacco di tempo e niente. Penso a quando facevo l'amore con Marco e mi blocco. Penso che non posso mollare proprio adesso. Penso: el primm che 'l s'è casciàa l'è mort. Insisto. Penso a tutto quello che potrebbe eccitarmi. Mi dispiace di non aver mai visto un film porno. Penso: spèta spèta che l'erba la cress. Demordo. In realtà sto pensando ai miei stivali alti fin sopra il ginocchio con il tacco di almeno dodici centimetri. Una frustrazione come un'altra: mi sembrava di averli e non li ho. Dovrei averci fatto l'abitudine. Mi sembrava di avere un marito e non ce l'ho. "Fagh sü la crus", mi dico. Pazienza. Però li rivoglio. Sono miei e me li andrò a riprendere. E se il ragazzo napoletano non me li dà, al massimo li ricompro. Gli oggetti non sono come le persone: i primi di solito puoi acquistarli, le seconde non sempre. "Sü de doss", penso. E mi alzo. E mi rivesto.

Suona il telefono. "Stefania?": è Pietro, ed è già ubriaco. "Dimmi bello". "Dai, vieni qui", strascica le parole come i bambini che si allungano la cicca, tenendone un'estremità bloccata sotto il palato e tirando fuori l'altra stringendola tra due dita. "Magari più tardi": dirgli non ne ho voglia mi costa troppo. "Non ci credo", mi dice. Voglio mettere giù. "Ci vediamo domani sera?", gli chiedo. "Ok", mi risponde. Fine della conversazione. Gli sono affezionata ma a volte non lo reggo, quando beve poi diventa nüius m'el pan de mei.

Mi sono scolata cinque birre grandi, dipingendo un quadro piccolo. Verso le quattro di notte sono uscita a farmi un giro, giusto per prendere un po' d'aria. Fredda. Il cielo è un pannello grigio, sostenuto da due palazzi d'epoca, in mezzo a cui si stagliano le luminarie natalizie: a forma di farfalla. Insetti che, da adulti, vivono solo per qualche giorno.

Non fa paura Paolo Sarpi, neanche a quest'ora. Basta rimanere nel suo centro, non uscire dai suoi confini. Per gli italiani Chinatown è uno dei quartieri più sicuri della città: te püdet segnass cul gumbet. Di fatto i cinesi vigilano su tutta la zona, mettendo anche delle sentinelle agli angoli delle strade. Poi tra loro si fanno le peggio cose, ma non ti riguardano: sono affari di famiglia, spesso regolati a colpi di coltelli, macheti, mannaie, daghe e mazze da baseball. Con metodi più pratici che teorici. Il più delle volte utilizzati alla luce del giorno.

Mi è capitato di uscire di casa la mattina e di aggirare un cadavere riverso sulla strada. Mentre sentivo avvicinarsi le sirene della polizia ho scattato qualche foto. Poi ho dipinto un quadro. Come un reporter di guerra che si limita a descrivere: giudicare mi è impossibile. Però vedo, e capisco: chi sono le vittime e chi sono i carnefici.

Di solito le vittime sono gli immigrati e a volte i carnefici sono i loro figli. Le vittime, adesso, se non lavorano stanno dormendo. I carnefici, adesso, non lavorano e non stanno dormendo. Come me, adesso, girano per le strade. Io sono da sola, loro sono in gruppo. Avranno vent'anni circa, assomigliano ai personaggi dei manga, sembrano strafatti di alcool e di droghe. Sono gli ex bambini che vivevano in Cina con le rimesse che i genitori gli mandavano dall'Italia: ora abitano a Milano, con mamma e papà che lavorano giorno e notte e che spesso gli chiedono di fare gli stessi sacrifici. Non sempre ne hanno voglia: così, a volte, si prendono quello che gli serve, nel modo più veloce e facile possibile. Non sempre, a volte. Nel peggiore dei casi. Ma si sa: la malerba l'è quèla che cress püssee.

Non mi fanno paura, i cinesi. Il loro mondo scorre di fianco al mio: percorriamo due rette parallele che non si incroceranno mai, se non all'infinito. E laggiù, spesso, ci trovi una motivazione economica.

Un Suv nero metallizzato, più simile a un carro funebre che a una macchina, parcheggia vicino al marciapiede: scende un vecchio e brutto italiano, gira intorno all'auto, apre la portiera a una cinese, giovane e bella. Si salutano. Lei si avvicina a un portone ondeggiando leggermente sui tacchi, spalmandosi lungo i fianchi la minigonna. Prima di scomparire dentro la casa, si volta verso di lui, si bacia il palmo della mano e soffia nella sua direzione. Lui alza le braccia, e fa per agguantare quel regalo fatto d'alito. Poi riparte. È una sordida rivisitazione della favola della bella e la bestia: mi dà il colpo finale. Buonanotte. Gli oggetti non sono come le persone: i primi di solito puoi acquistarli, le seconde non sempre. Ma a volte anche sì.

Sto dormendo. Il telefono squilla ripetutamente. "I can change the world", come suoneria, non è molto azzeccata per me. Nonostante ciò "I can change the world" entra nel mio sogno, si impasta con il mio sogno e alla fine esce dal mio sogno. A quel punto la sento, mi sveglio e rispondo.

"Ti va se passo da te verso le otto?". È Pietro. Ed è sobrio. "Ma che ore sono adesso?", gli chiedo. "Quasi le tre", mi risponde. "Vieni con Gioia?". "No, da solo: ho bisogno di parlarti. Ti offro un programma completo: aperitivo, cena e dopocena". Ommerda. Faticoso, penso. "Va bene", gli dico.

Ho in mente gli stivali e il soppalco. Ma oggi è solo domenica. Se mi sbrigo riesco ad arrivare entro le quattro meno un quarto alla chiesa Santissima Trinità di via Giusti: potrei fotografare i fedeli cinesi che assistono alla messa celebrata in mandarino da don Domenico Liu. Potrei. Ma non lo faccio.

Oggi ho bisogno di tornare a me. Non ho voglia di persone estranee ma di un luogo conosciuto. Necessito di uno specchio: anche appannato, anche scheggiato. Basta che almeno un po' mi rifletta. So dov'è. È in fondo a via Niccolini, è a due passi da casa mia. È il Bulk: l'ex deposito dell'Enel che era un centro sociale e che diventerà un enorme parcheggio. Da cinque anni è solo uno spazio dismesso. Cinque anni fa ero lì dentro con Marco, alle quattro di notte, a divertirmi, cinque anni dopo sono qui fuori da sola, alle quattro del pomeriggio, a rimpiangere. Per tornare al passato mi appiglio al ricordo, aggrappandomi ai graffiti incrostati nei muri: quello dedicato a Carlo Giuliani l'hanno tolto, cancellato, rimosso. Eppure non dimentico. I traumi continuano a vivere nel presente, condizionandolo. Da allora non partecipo più attivamente a nessuna manifestazione politica. Adesso, se voglio esserci, sto dietro l'obbiettivo, non davanti.

Do le spalle al Bulk.

Guardo a sinistra, c'è la Fabbrica del vapore. Era un'industria ferroviaria, dovrebbe essere un laboratorio di creatività ma per ora è soprattutto la sede provvisoria del Teatro Ciak: un bianco capannone in mezzo a un enorme cortile, dove il venerdì i musulmani pregano a turni, dandosi il cambio come gli operai che entrano ed escono dalle fabbriche.

Guardo a destra, c'è il cimitero Monumentale, che contiene le salme di illustri italiani. Tra queste però c'è anche quella di un illustre cinese: Sun Ming Chuan, detto anche "il patriarca di Chinatown", uno dei primi ad arrivare a Milano e ad insediarsi in Paolo Sarpi, deceduto nel 2009 a più di novant'anni.

Il giorno del funerale, un immenso corteo di parenti, amici e conoscenti ha seguito il suo feretro dalla chiesa alla tomba, percorrendo tutto il quartiere e tenendo in mano una sua foto in occhiali scuri, giacca e cravatta: che lo rendeva più simile a uno dei Blues Brothers che a un vecchietto buddista.

"Alura i sciopa anca lur", mi ha detto un signore. "Pare di sì", gli ho risposto. La leggenda che i cinesi, una volta defunti, vengano fatti sparire per riciclare i loro documenti, non prevede l'ipotesi del funerale classico: le teorie più gettonate sono quella culinaria, i cadaveri vengono cucinati nei ristoranti e quella chimica, le salme vengono sciolte nell'acido. In realtà basta guardarsi intorno per capire come mai i cinesi in Italia non muoiono mai: quelli giovani, la maggioranza, non hanno l'età per farlo e quelli vecchi, la minoranza, preferiscono tornare in patria appena possono. Adesso però preferirebbero rientrare in Cina comunque: alcuni hanno problemi economici, altri soffrono disagi psicologici. C'è chi diventa barbone, e chi folle. C'è anche chi si suicida. Non è vero che i cinesi in Italia non muoiono mai.

"Sono Pietro". "Sei in anticipo". "Ti aspetto sotto casa tua?", mi chiede. "Arrivo tra un po', se vuoi nell'attesa puoi farti un giro al centro massaggi", gli rispondo. "Buona idea", mi dice: e scoppia a ridere.

Stavo riguardando le foto del Bulk. Nostalgia canaglia. Avrei voluto entrare, mischiarmi ai corpi bucati dai piercing e dipinti dai tatuaggi, immergermi dentro la musica, con una birra nella mano sinistra e una sigaretta nella mano destra. Dimenticarmi di me. Uscire da me. Abbandonarmi. Un esorcismo, più che un'alienazione. Invece stavo con me, in del camp di cent pertich: impastoiata in questa convivenza. Con Pietro sotto casa, senza voglia di muovermi e tantomeno di raggiungerlo. Mi sono mossa e l'ho raggiunto. Non c'era. Mi ha citofonato dopo un'ora.

"Come è andata?", gli ho chiesto. "Interessante direi", mi ha risposto. "Lei com'era?". "Un bel sorriso". "E poi?". "Provala", mi ha detto. "Non fa per me", gli ho risposto. "Ma se neanche l'hai vista", ha commentato. "È una donna", ho ribattuto. "Di questo ne ho la certezza". "L'è mej un üsell in man che cent che vula". È scoppiato a ridere, di nuovo. "È meglio il certo dell'incerto", gli ho spiegato, in italiano. Stavo iniziando a preoccuparmi.

"Andiamo?", gli ho chiesto. "Da Capra e cavoli?", mi ha domandato. "Ok, hai parcheggiato qui vicino?". "Sono a piedi: Gioia non mi presta più la macchina". "Ah, già: mi ha raccontato". "Brutta storia". "La tua taccagneria?". "No: i maghrebini di merda". "Ma non sono i soggetti del tuo prossimo docufilm?", gli ho chiesto. "Oggetti, vorrai dire", mi ha risposto.

L'ho spinto fuori casa. "Va föra di pé", gli ho detto. È scoppiato a ridere, un'altra volta. Assomiglia sempre di meno al suo nome d'arte: "Vitello". Il vitello è un animale che mi ispira tenerezza. Lui no.

Per arrivare al ristorante abbiamo scavalcato la stazione Garibaldi, camminando sopra il cavalcavia Bussa: un arco abbandonato, sospeso nell'aria e circondato da cantieri, che unisce Brera all'Isola ma appare slegato da tutto. Su questa terra di nessuno, pericolosa perché desolata, che è linea di confine ma è anche trait d'union, ci passano solo le macchine, quasi mai i pedoni. Senti rumori, non voci. Vedi fanali, non occhi. Stasera invece sentiamo voci e musica, vediamo occhi e luci. Poi bancarelle, palchi e cani.

"Che succede?", mi chiede. "Penso sia Rebelot", gli rispondo. "È un gran casino, decisamente", commenta. "È la fiera-festa dell'autoproduzione organizzata dai movimenti antagonisti", gli spiego. "Ancora con 'ste storie da centri sociali?", mi domanda. "Più o meno". "Mica vorrai fermarti?". "Una birra qui potremmo anche bercela". "Ma fa un freddo cane". "Vin brulè?", gli propongo. "Ci mancano solo i bonghi e i cilum", mi risponde. "Siamo ripiombati negli anni '90, tesoro", gli dico. "E com'è che non abbiamo più vent'anni, allora?", mi chiede.

Qualcosa doveva essermi sfuggito, mentre il tempo avanzava senza portarmi con lui. La storia di Peter Pan la conoscevo, ma adesso mi rendevo conto che la stavo interpretando. Mettendo in scena uno spettacolo grottesco: un'adulta che si sente una ragazza, circondata da ragazzi che la vedono come un'adulta. "Andiamocene da qui", gli dico.

Avrei voluto sedermi su un gradino, bere del vin brulè, suonare i bonghi e fumare un cilum. Avrei voluto avere Marco al mio fianco. Mi sarei sentita a posto.

"E se mi comprassi un safi?", gli chiedo. "Saresti meno ridicola con una bandana", mi risponde.

Scesi dal ponte siamo atterrati in zona Isola. Nell'Isola che non ci sarà quasi più, perché qui ci dovrà essere la Città della Moda. Il vecchio, caldo e confuso intreccio di case d'epoca, trattorie tipiche e bar popolari sta infatti per essere sostituito da un nuovo, freddo e ordinato reticolo di palazzi residenziali, ristoranti fashion e locali di tendenza. Brera 2, in pratica. Molto è stato già fatto.

Al posto della casa occupata di via Garigliano hanno costruito un moderno edificio stile lungomare di Rimini con balconi oscurati da tende da sole, sulle ceneri della Stecca degli artigiani di via Confalonieri stanno nascendo degli stabili residenziali di lusso, la riserva d'ossigeno del Bosco di Gioia è stata sostituita dal grattacielo in calcestruzzo armato, vetro e ferro della Regione Lombardia.

L'ultimo spazio a crollare è stato il centro sociale di via Della Pergola, occupato nel 1989 e chiuso nel 2009. Nella memoria mi rimane il ricordo dell'ultimo party: il portone d'ingresso era un grande cuore, i fuochi d'artificio illuminavano il cortile e la musica dei dj set risuonava nelle stanze. In centinaia abbiamo ballato dalla notte fino all'alba, nella cantina piccola, buia e umida chiamata Bomboclat.

È passato quasi un anno da allora, l'indirizzo è lo stesso ma lo scenario è cambiato. "Fermiamoci un attimo", dico a Pietro. Sono davanti all'entrata: le transenne sbarrano l'accesso al cantiere, fatto di ruspe, di betoniere e di cessi chimici, di pareti crollate a terra e di graffiti ancora attaccati ai muri. Sulle impalcature è appeso un cartello: spiega che qui verranno costruiti dei loft residenziali su due livelli a basso consumo energetico, con dettagli di sapore. Hanno un pessimo retrogusto.

"Ci prendiamo un aperitivo al Chiar di luna?", mi chiede. "Al bar delle lelle?", gli rispondo. "Perché no?", commenta. Arriviamo in piazza Minniti ed entriamo in via Borsieri: sul fondo, davanti alla stazione Garibaldi, si vedono gli scheletri dei grattacieli in cemento circondati dalle gru illuminate dai lampeggianti rossi che impediscono agli abitanti degli edifici che gli stanno intorno di captare il segnale televisivo. Gruppetti di ragazze chiacchierano davanti alla birreria.

"Ok, entriamo", gli dico. Pareti arancioni e soffitti blu, un acquario con i pesci rossi di fianco alla porta d'ingresso, il bancone con due bariste simili a Billy the Kid e Buffalo Bill sulla sinistra, il biliardo con giocatrici in jeans, maglioni e scarpe da tennis sulla destra e, davanti a noi, un palco dove stanno facendo karaoke utilizzando come basi delle orrende canzoni italiane. Le lesbiche hanno gusti nazional-popolari, penso. Sulla mensola che ci fa da tavolino, mentre siamo appollaiati su degli scomodi sgabelli, sono appoggiati dei giochi in scatola: Risiko, Trivial Pursuit e Scarabeo, tra gli altri.

"Hai notato che hanno tutte il bacino bloccato?", mi chiede. "Bevi veloce che usciamo presto", gli rispondo. Nessuna di loro mi ha degnata nemmeno di uno sguardo.

Ho lasciato un euro nel salvadanaio in cartone su cui campeggia la scritta in stampatello: "Raccolta fondi per la squadra di calcio femminile". Ho sempre voluto fare il portiere, non sono portata per l'attacco. Ma detta tutta non so neanche difendermi.

Quella sera ero appena tornata a casa con i pacchi della spesa. Crepi l'avarizia ero passata anche dalla macelleria Walter Sirtori: un negozio storico, aperto nel 1951, che frequentava anche mia nonna. "La carna lì l'è püssé che bona", mi diceva. Proviene da animali allevati con metodo tradizionale e nutriti con prodotti da agricoltura biologica. Sta di fatto che, qualsiasi cosa prendi, ti costa un sacco. Ma quella sera non mi importava. Marco era un patito della bistecca. Per la bistecca avrebbe fatto l'impossibile. Solo che quella sera, secondo lui, ero io ad aver fatto l'impossibile. "Sei stata con un altro", mi ha detto. "Dove?", gli ho chiesto. "A letto". "Sei impazzito?". "Per nulla". "E come l'hai saputo?", gli ho chiesto sorridendo, ignorando volutamente la sua incazzatura perché pensavo che se non le avessi dato importanza si sarebbe velocemente dissolta. "Me l'hanno detto", mi ha risposto. "Chi?". "Non ha importanza". "Certo che ce l'ha", ho commentato. "Sarebbe molto meglio se tu mi dicessi la verità", ha ribattuto. "Ok, sì, però non era uno, erano in tanti: insomma, un'orgia", gli ho detto. "Sei disgustosa", mi ha risposto. Evidentemente metterla sullo scherzo non era stata una buona idea. "Non ti ho mai tradito", gli ho detto. "Continui a mentirmi", mi ha risposto. "Le bugie non mi appartengono", ho commentato. "Infatti: te ne liberi regalandole agli altri", ha ribattuto. "Sai che non è così", ho concluso.

Ero rannicchiata in un angolo sul pavimento, lo sguardo sbarrato, le ginocchia contro la fronte e le mani sopra la testa. Zitta, immobile. Esterrefatta. Come una bambina che viene picchiata dal padre. Senza motivo. Per un pretesto. Gli occhi mi si sono riempiti di lacrime.

"Dòna che la piangh e cavall che süda hinn fals me Giüda", ha detto. Poi ha fatto le valigie. Quattro, enormi: dove ha buttato dentro qualsiasi cosa, dallo spazzolino elettrico alla statuina di Shiva. Se ne è andato, mi sono guardata intorno: oggetti e vestiti sparpagliati, ripiani e cassetti vuoti. Sembrava che fossero appena passati i ladri.

"Mangiamo?", mi chiede Pietro. "Mangiamo", gli rispondo soprappensiero. Capra e Cavoli è l'ex Circolo familiare Sassetti, trasformato in un ristorante shabby-chic: ripiani con libri e bottiglie, tavoli in legno decapato, tovagliette in carta da pacco e menu che si aggira intorno ai venti euro per un piatto unico. Pubblico aristofreak.

"Mi sono innamorato", mi dice. "Era ora", gli rispondo. "Non di Gioia". "Chi è la fortunata?", sono ironica, stavolta. Ma, stavolta, lui non ride. "È un ragazzo egiziano", mi dice. "E quello che ti ha rigato l'auto?", gli chiedo. "Esattamente". "Cioè: ti sei innamorato di un falso parcheggiatore del Luminal?". "Non proprio". "Cünta sü". "Era un tipo che volevo inserire nel docufilm". "Ma quante palle racconti?", gli chiedo. "Quelle che mi servono per sopravvivere in questo mondo", mi risponde. "Non in questo mondo, nel tuo mondo". "Punti di vista". "Sì, lo so: tu sei un'adepta della verità, sempre e comunque. E infatti guarda come stai messa", mi dice. "Sto nella merda, ma rispetto alla tua ha una puzza diversa", gli rispondo. "Inutile fare i sofisti, quando di merda si tratta", commenta. "Almeno ho il buon gusto di non farmi mantenere da nessuno", ribatto. "Gioia potrebbe rifiutarsi e non lo fa, quindi è mia complice", mi dice. "Tu la sfrutti", gli rispondo. "Lei si fa sfruttare". "Giochi con le sue debolezze". "Ti sbagli: io dipendo da lei o meglio dai suoi soldi, quindi è lei ad avere il coltello dalla parte del manico". "Insomma siete una bella coppia: d'altronde el Signur prima ià fa e poeu i cumbina", commento.

Mi butto sul cous cous: il cibo, riempiendomi lo stomaco, mi svuota la testa. "Caffè e limoncello?", gli chiedo. "E poi puntata al Frida?", mi domanda. "Sì: che se no non mi sembra neanche di essere in Isola", gli rispondo.

Il Frida l'ha creato una mia amica, una che sembra Betty Boop ma che fa ridere come Luciana Littizzetto. Più di dieci anni fa ha preso questo ex magazzino e l'ha trasformato in un bar: adesso c'è la fila per entrare e la ressa quando sei dentro. Gente di tutti i tipi: dal professionista al punkabbestia, generalmente di sinistra. Ci sediamo su una panca in muratura, sotto le lampade in carta, davanti a un tavolino colorato.

"Offro io", gli dico. Vado alla cassa e, mentre chiedo due cocktail, leggo un cartello: "Se avete intenzione di affogare i vostri problemi nell'alcool, tenete presente che alcuni problemi sanno nuotare benissimo". C'ha ragione, Robert Musil. Ma voglio vedere che stile hanno, i miei problemi: delfino, sicuramente.

"Che intendi fare?", gli chiedo. "Penso di portarla da un carrozziere appena posso", mi risponde. "Non con la Bentley, con il ragazzo egiziano", gli dico. "Nulla, purtroppo: è per questo che sono innamorato, perché non potrò mai averlo", commenta. Tutto è chiaro, adesso. Desiderare Godot vuol dire preferire l'attesa: d'altronde i sogni quando diventano realtà spesso deludono.

"Stanno chiudendo", osservo. Eravamo al quarto gintonic. "Magari qui intorno troviamo ancora qualcosa di aperto", mi dice. "Proviamoci", gli rispondo.

Fuori dal Frida, seduto sul marciapiede, in mezzo ad altre persone, c'è Zibe: una vita a stampare sui muri della città la faccia di Arnold. Alcuni lo considerano il Banksy di Milano, per altri è solo un perditempo. Tra il genio e l'inutile il confine è sottile. Mi chiede una cartina. Ho smesso di fumare da quando Marco mi ha lasciata: improvvisamente la ganja mi faceva salire più paranoie che risate. "Non ce l'ho", gli rispondo. "Allora, ci muoviamo?", mi domanda Pietro.

Mi allontano cercando di non barcollare. Poco più in là c'è il Wasabi: sotto il soppalco su cui è appesa una bicicletta, intorno ai tavoli in legno scrostato, sopra le sedie in paglia intrecciata, si riunisce il solito gruppo di trentenni della zona, che si bevono il bicchiere della staffa e si rollano la canna della buonanotte. A più di quarant'anni, io e Pietro, li imitiamo.

Anche qui stanno abbassando le saracinesche. Mi torna in mente l'opera "24 ore di gambe" di Corrado Levi: delle sedie appoggiate su dei tavoli. La chiusura di un bar, prima che lo puliscano. Un'istantanea della fine che non è ancora un inizio.

Torniamo sui nostri passi, arriviamo in piazzale Archinto. Ci sediamo su una panchina appoggiata dentro un'aiuola, tra la terra dissestata e i nastri segnaletici. Davanti al Cameo café sono rimasti solo una donna e un uomo. Lei è vestita di rosso e ha una pochette Just Cavalli sulla spalla: con le dita si arrotola i lunghi boccoli. Lui è vestito di nero e porta dei mocassini lucidi a punta: le si avvicina per accarezzarle la testa. Lei si scosta e gli dice: "Non mi toccare, sono andata dal parrucchiere oggi".

Vorrei tornare a casa e dormire abbracciata con Marco. Ho bisogno di rapporti veri, tra corpi deteriorabili, non di relazioni finte, tra figurine di plastica. È la fiera del poser, questa. Ho la nausea, e non è metaforica.

"Ti va un destro?", mi chiede Pietro. "No, grazie". Si alza, si avvicina a una vespa, ribalta lo specchietto, mette giù una riga, arrotola cento euro. E il gioco è fatto. "Domani è un altro giorno", mi dice euforico. Con la narice sporca di polvere bianca.

"Domani è un altro giorno", penso. Domani sarò depressa, immagino. E non ho neanche la narice sporca di polvere bianca. Un ciclotimico non ha bisogno di drogarsi per vivere gli up and down che ti danno gli stupefacenti.

Mi lascia davanti a casa. "Non raccontare nulla a Gioia", mi dice. "Non sono mica come l'Isacch che 'l strascia i camìs per giüstà i sacch", commento. "Quindi starai zitta?". Non gli rispondo, e mi concentro nell'infilare le chiavi nella toppa.

Mi butto sul letto e mi addormento di botto. Mi sveglio sotto il piumone d'oca, sopra il materasso in lattice, sul pavimento in cemento, circondata da una parte dalla cucina e dall'altra dallo studio: la luce penetra timidamente dalle finestre rettangolari in ferro e vetro.

È già lunedì, il giorno più fortunato della settimana secondo l'oracolo Ching. È già lunedì ed è quasi mezzogiorno, il giorno e l'ora in cui i neo sposi cinesi vanno a festeggiare al ristorante. Devo uscire subito.

Arrivo davanti a Zhong: una stanza su strada piccola e spoglia, con piastrelle grigio sporco e pareti verde spento, arredata unicamente con un bancone. Qui vendono solo tofu, di tutti i tipi: normale, secco, tenero e fritto. L'unica volta che sono entrata per comprarne un pezzo la commessa mi ha guardata come se la stessi importunando. I clienti italiani probabilmente non la entusiasmano.

Giro le spalle al negozio per fotografare il matrimonio. Faccio così ogni lunedì, intorno a mezzogiorno. Smetterò quando non mi farà più male.

Avevamo parcheggiato il vecchio maggiolone davanti all'Arena. Io ero vestita di bianco: canottiera, minigonna e anfibi. Marco era vestito di nero: t-shirt, short e sneakers. Dopo abbiamo cenato a casa con pochi amici e poi siamo andati tutti a ballare al Leoncavallo.

La limousine a noleggio parcheggia davanti al ristorante. La sposa, con il viso pesantemente truccato, ha l'abito bianco. Lo sposo, con i capelli impregnati di gel, è in smoking nero. Entrambi, vicino al petto, hanno appuntate delle coccarde rosse. Tenendosi per mano passano in mezzo a due file di invitati, che mentre applaudono gli lanciano addosso dei coriandoli. Non il riso, che per loro è come per noi il sale: se cade porta sfiga. Entrano nel locale seguiti dagli ospiti, che anche oggi sono circa duecento: ognuno di loro ha in mano una busta rossa, da cui estrae dei soldi che consegna a una specie di contabile seduto dietro a una scrivania posta vicino all'ingresso. Passo lì vicino per vedere meglio: c'è chi versa centinaia di euro, e chi migliaia. Non male.

Penso alla lavastoviglie e all'aspirapolvere che abbiamo ricevuto io e Marco come regalo di nozze: i piatti li lavo tutti a mano e i pavimenti li pulisco con la scopa. Sia i piatti che la scopa li ho acquistati da Kathay, il supermercato cinese di via Rosmini dove trovi di tutto: dal riso alle credenze. Penso al soppalco e agli stivali che dovrei recuperare oggi. Torno a casa.

Guardo il telefonino, ho due chiamate perse: una è del tipo del soppalco, l'altra è del ragazzo con gli stivali. Richiamo entrambi. Il primo è gentile, il secondo è strafottente. Confermo gli appuntamenti. Non vedo l'ora di avere il soppalco e non vedo l'ora di riappropriarmi degli stivali.

Il tipo del soppalco mi citofona puntuale. Esco da casa: i nigeriani del primo piano ascoltano jazz a tutto volume. Taglio il cortile: un gruppo di bambini cingalesi, cinesi e italiani sta giocando a palla. Arrivo al portone: i due trans brasiliani che battono al Monumentale stanno rientrando nei loro appartamenti. Sono in strada. Lo vedo: è giovane, straniero e bello. Ma è magrissimo: el par 'n gatt che l'ha mangià i lüsert.

"Tu devi essere Stefania", mi dice. Sono basita, cumpagn de quel de la mascherpa. "Sì, sì", gli rispondo. "E tu sei il tipo del soppalco", aggiungo. "Piacere, Samir", mi dice, allungandomi la mano. Gliela stringo, senza guardarlo in faccia. "Il letto dov'è?", gli chiedo. "Nel furgoncino che ho lasciato in via Procaccini: questa zona è tutta un divieto di transito ed è quasi impossibile trovare un parcheggio", mi risponde. "Eh, già: è la nuova strategia del Comune per far sloggiare i cinesi", commento. "Da qui ve ne andrete prima voi di loro", mi dice. "Mi sa che hai ragione", gli rispondo. "Se mi accompagni andiamo a prenderlo assieme". "Ok". Camminiamo, lui davanti e io dietro. Pezzi di legno alla mano torniamo davanti al mio portone. "Appoggiali pure qua. Quanto ti devo?", gli chiedo. "Fanno centocinquanta euro", mi risponde. "Sticazzi", commento a bassa voce. Però lui l'ha sentì a nas l'erba: ha un udito finissimo. "Potessi te lo regalerei, solo che non posso", mi dice. L'ho pagato e se ne è andato: avrei voluto chiedergli di aiutarmi a montarlo ma non avevo il coraggio di farlo entrare in casa.

Passo quasi cinque ore a incastrare travi, fissare tasselli e girare viti. Non mi sento tanto bene: si sa che i mobili Ikea sono un'istigazione al suicidio, i dati sulle morti in Svezia stanno lì a dimostrarlo. Sto facendo tardi. Mollo per terra quello che forse diventerà il mio soppalco: per ora è un'opera d'arte neodecostruttivista. Mi cambio. Maglione nero, pantaloni verdi, anfibi neri e giaccone verde: sembro un parà in partenza per l'Afghanistan. Sto per andare in piazzale Corvetto, quando mi squilla il cellulare.

"Ehi, pussy, ti aspetto a casa". Coglione: probabilmente non conosco perfettamente l'inglese ma so benissimo cosa vuol dire pussy. "Stà schisc" penso. "Dove abiti?", gli chiedo. "In via dei Cinquecento 8", mi risponde. "Arrivo". "Link mi cà veng abbasc". "Cioè?". "Famm' nu squill' quando arrivi che scendo: ò citofon' sta scassat!". "Ah: ok". "Mo' time: a dopo!". Ma come parla questo? Guardo su Google Maps per sapere dove devo andare.

Corvetto lo frequentavo da adolescente: tutte le domeniche pomeriggio, io e le mie amiche andavamo a ballare al Parco delle Rose. Avevamo il permesso dei genitori: uscivamo dopo pranzo e rientravamo prima di cena. Truccate con rossetto, rimmel, fard e ombretto, piccoledonnecrescono, ci davamo appuntamento all'angolo tra viale Campania e corso XXII Marzo, di fronte al liceo scientifico Donatelli: in quella zona, nell'aria, all'epoca, si sentiva ancora il profumo dolciastro proveniente dal vecchio stabilimento della Motta. Stavamo a lungo davanti alla fermata della 93: il filobus arancione era come un miraggio, lo aspettavamo talmente tanto che quando arrivava non credevamo nemmeno che fosse vero. Invece, ovviamente, lo era, come i corpi tra i quali venivamo stipate. Ci infilavamo, spingevamo, ci stringevamo: guadagnavamo un posto in piedi e guardavamo fuori dal finestrino, mentre scivolavamo sotto il ponte.

Lasciavamo il nostro quartiere tranquillo e benestante, fatto di palazzi primo '900 e di villette con il giardino, ed entravamo in una zona pericolosa e povera, composta da casermoni popolari, dove abitavano alcuni dei nostri compagni di classe. Quelli che a quattordici anni ci facevano scoprire il fumo, mentre loro assaggiavano l'eroina. Quelli che noi leccavamo il cono gelato, mentre loro ci cadevano sopra con la testa. Quelli che adesso non ci sono più. Quelli che avevano i genitori meridionali e vivevano anche in sette in due stanze, dentro gli appartamenti che oggi ospitano anche molti extracomunitari. Turnover abitativo, si chiama.

Questo quartiere mi ricorda la mia adolescenza. Ma è da allora che non ci vengo. Esco dalla fermata della linea gialla della metropolitana, passo di fianco a una giovane zingara con un neonato nella fascia a tracolla che tenta di vendermi delle collane e mi trovo di fronte al cavalcavia che sventra in due parti piazzale Corvetto: riversando uno scampolo di autostrada dentro un lembo di città.

Quell'orrenda sopraelevata c'è sempre stata, solo che adesso la stanno ristrutturando. È rivestita da impalcature e teli, produce polvere e rumore: è ancora più orrenda. Tutto mi dà fastidio, anche i palazzi anni '50 che mi stanno di fronte, anche le bancarelle di cianfrusaglie che ho di fianco, anche la facciata ipercolorata del grande magazzino a cui do le spalle.

Mi infilo dentro viale Martini e arrivo in piazzale Gabriele Rosa, che un tempo noi ragazzi chiamavamo Gabrio Robba: la situazione non sembra molto cambiata da allora. Al centro di questo rettangolo di sassi e pietre in stile razionalista, incorniciato da due semicerchi di prati e alberi, hanno costruito una fontana in marmo e legno che ricorda un enorme lavatoio: sotto lo scivolo in pietra, su cui scorre un filo d'acqua, ci sono delle coperte e dei vestiti mentre dentro una putrida pozza galleggia una rosa ormai marcia. Intorno a me ci sono solo ragazzi maghrebini: si muovono per il piazzale o stanno seduti sulle panchine, a gruppi e sparpagliati, come bestie dentro un recinto.

Dei vecchietti escono dalla chiesa di San Michele e Santa Rita, una geometrica costruzione in mattoni rossi sormontata da una grande cupola azzurra. Guardo l'orologio, sono in anticipo, posso anche entrare.

Quando ero piccola mia nonna mi portava spesso in parrocchia, a qualsiasi ora di qualsiasi giorno. L'importante era che in quel momento non ci fosse la messa: aveva un debole per i luoghi di culto, non sopportava le liturgie religiose. Io mi sedevo accanto a lei sulla panca, le mani conserte appoggiate sul leggio, lo sguardo fisso in avanti: lei non parlava e anch'io dovevo stare zitta. All'inizio muovevo in continuazione il corpo e gli occhi, poi ho imparato a rimanere immobile, prima fuori e poi dentro. Da allora per me la chiesa è sempre stata un luogo magico, dove la parola meditazione ha acquistato un senso.

Ho acceso un cero, non alla Madonna con bambino classica ma a quella funky-barocca adorata dai Filippini: una signora dai capelli neri, lunghi e crespi avvolta insieme al figlio dentro una mantella blu, oro e argento. A mia nonna questa scultura sarebbe piaciuta parecchio.

Poi mi sono avvicinata al negozio di gadget, una stanzetta piena di libri sacri e acqua benedetta. L'anziana e minuta commessa, capelli bianchi e occhi azzurri, ha cercato di vendermi qualcosa. "Non sono credente", le ho spiegato, imbarazzata nel sentire la mia voce, un accento da sciura milanese del tutto stonato all'ambiente. "Tieni questi", mi ha detto, dandomi un'immaginetta di Santa Rita e un rosario in legno. "No, grazie", le ho risposto, come dico ai venditori ambulanti che tentano di farmi comprare un oggetto, mettendomelo in mano come se stessero per regalarmelo. "Prendili: non possono farti male", ha aggiunto, allungandomeli sopra il banco con la mano, la pelle delle dita rugosa e lo smalto delle unghie scrostato, un piccolo anello d'argento sull'anulare. "Quanto costano?". "Per te niente", mi ha spiegato mentre mi sorrideva maliziosa schiacciandomi l'occhio. Una parodia della Vispa Teresa.

"Adesso dobbiamo andare", ha concluso. Prima di uscire si è girata verso l'altare, mi ha dato una gomitata e mi ha detto: "Piega le gambe". Sono rimasta ferma. "Su, non è difficile, fai come me: lasciati andare un po' sulle ginocchia". Mi sono quasi genuflessa. Se c'è un Dio non so se abbia apprezzato.

Davanti al sagrato mi ha salutata, ed è andata a destra, in viale Omero: un canalone pedonale, stretto tra due corsie di traffico, fiancheggiato da palazzi anni '80 che conduce verso la campagna e l'Abbazia di Chiaravalle. Io ho girato a sinistra, in via dei Cinquecento.

Sono le sette. È buio pesto. In questa via non c'è un negozio, nessuna macchina in movimento e nessuna persona per la strada. Solo la pallida luce dei lampioni, a illuminare di un fioco giallo una scenografia senza vita apparente. Ho paura, vorrei tornare indietro e invece vado avanti, la mente arretra e il corpo procede. Metto la mano nella tasca del giaccone e stringo tra le dita l'immaginetta di Santa Rita e il rosario in legno. I palazzi si susseguono uno uguale all'altro. Case popolari che stanno cadendo a pezzi: muri scrostati, vetri rotti e persiane divelte. Paraboliche e spazzatura. La povertà si somiglia sempre. Quelli che abitano qui hin a pan e pessitt: sono ridotti alla fame. Arrivo al numero 8. Me l'aveva detto che il citofono non funzionava: infatti è trivellato. Tiro fuori il cellulare guardandomi intorno. Compongo velocemente il numero. Sotto la rubrica è catalogato "Stivali". Non so neanche come si chiami il ragazzo con cui devo incontrarmi.

"Ciao: sono Stefania", gli dico. "Sali: scala C, secondo

piano, porta a destra". Non voglio salire, sto entrando nel cortile, sto cercando la scala, sto salendo al secondo piano, sto bussando alla porta a destra. Quella a sinistra è murata. Questa appena la tocco si apre. Cado in trappola, piombo nell'ingresso. Che poi è anche soggiorno, sala e cucina. Sono in cinque, dentro dieci metri quadrati circa di stanza. "Salve: sono Stefania", gli dico.

L'anziano, seduto sul divano sfondato, alza la testa in segno di saluto. Il bambino sdraiato per terra continua a disegnare sul foglio di carta. L'uomo appoggia la sigaretta che stava rollando sul tavolo apparecchiato. La ragazzina con i capelli rasati accarezza il pelo bianco e beige del pitbull. La donna si stacca dai fornelli e mi viene incontro allungandomi la mano che si è appena pulita sul grembiule.

"Salve, sono la mamma di Tony", mi dice. "Piacere assai: Tony", aggiunge un ragazzo, uscendo dal bagno. Ha i dread, la felpa con il cappuccio, i pantaloni a cavallo basso e le scarpe da ginnastica con la suola alta. "Vien di là che te dong o' stivale". "Ok", rispondo.

Di là è una camera con un letto matrimoniale a soppalco, uguale a quello che probabilmente diventerà il mio, sotto cui sono appoggiati altri due materassi. Sopra una scatola in cartone c'è il sacchetto.

"Roba forte, gal", mi dice, dandomi le scarpe. "Temevo di averle perse: grazie". "Figurate: e cchè me n'aggià fa'? Ma overament so' 'e ttuoie?", mi chiede. "Sì, perché?". "Da come sei vestita non si direbbe: dis is anedda styla", commenta, mentre mi guarda il giaccone, il maglione, i pantaloni e gli anfibi soprattutto. "Quelle sono più da malafemmena", aggiunge, indicando il sacchetto.

Esce dalla camera e si dirige verso la porta di casa. Lo seguo, mi giro e dico: "Buon appetito". L'anziano, il bambino, l'uomo e la ragazzina sono già seduti a tavola. La donna sta ancora cucinando. "Feel irie: statt' bbuon!", mi dice il ragazzo. In un attimo sono nuovamente dentro la metropolitana. Inghiottita dalla sua bocca gialla: al sicuro, con gli stivali.

Manca poco e sono arrivata. Vedo un vecchio maggiolone parcheggiato tra le strisce blu. Stessa targa, stessa auto. Quella di Marco. Sto per infartare. Se ne era andato con le chiavi di casa, non avevo cambiato la serratura apposta. Apro il portone del palazzo, passo in mezzo al cortile, arrivo davanti al mio appartamento: tutto buio, dentro. Accendo le luci, cerco ovunque. Niente. Ad aspettarmi ci sono solo le formiche. Oltre ai pezzi di legno sparpagliati sul pavimento: visti così non hanno alcun motivo d'esserci, vanno montati nel modo giusto per poter diventare qualcosa che abbia un senso. Nel loro caso: un soppalco. Per quel che mi riguarda, invece, devo aver sbagliato tutti gli incastri. Mi gu inscì de cur: ne devo ancora fare di strada.

Prendo un pezzo di pane, lo spezzo in due parti: la mollica all'aria si secca, le briciole cadono per terra. Intorno a me si raggruppano un po' di formiche. Mi fanno compagnia, sempre. Ne schiaccio qualcuna con la punta degli anfibi.

Corvetto

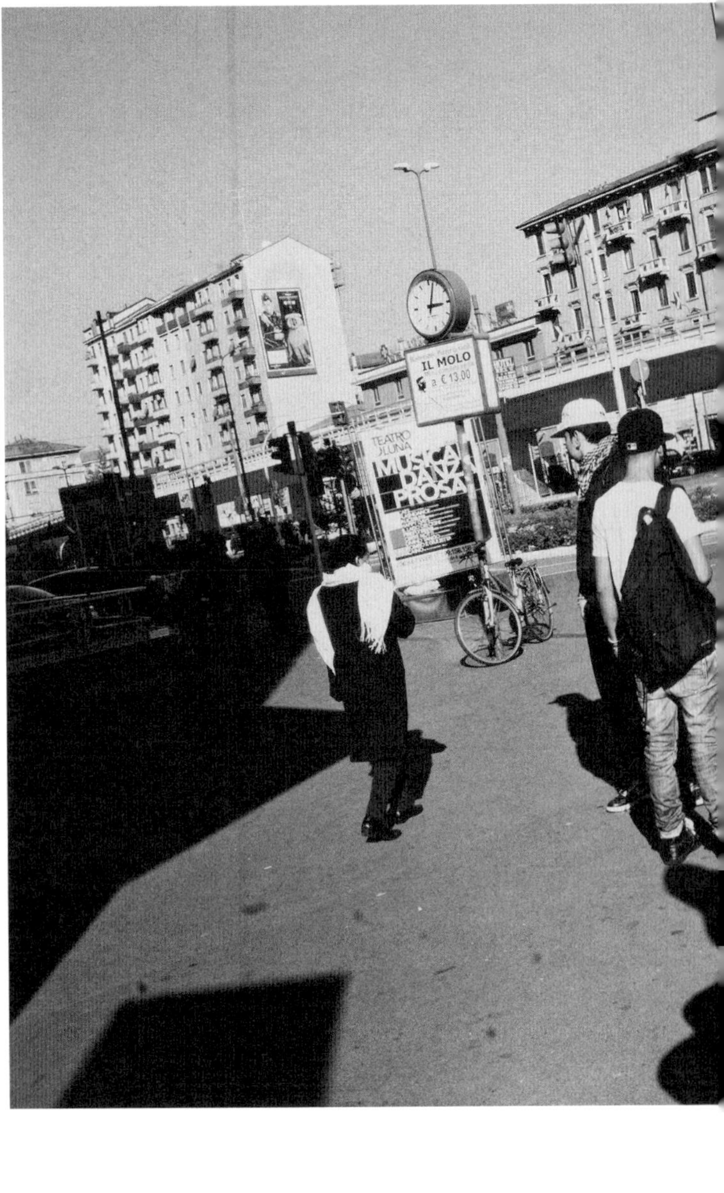
IL MOLO
a € 13,00
TEATRO
PROSA

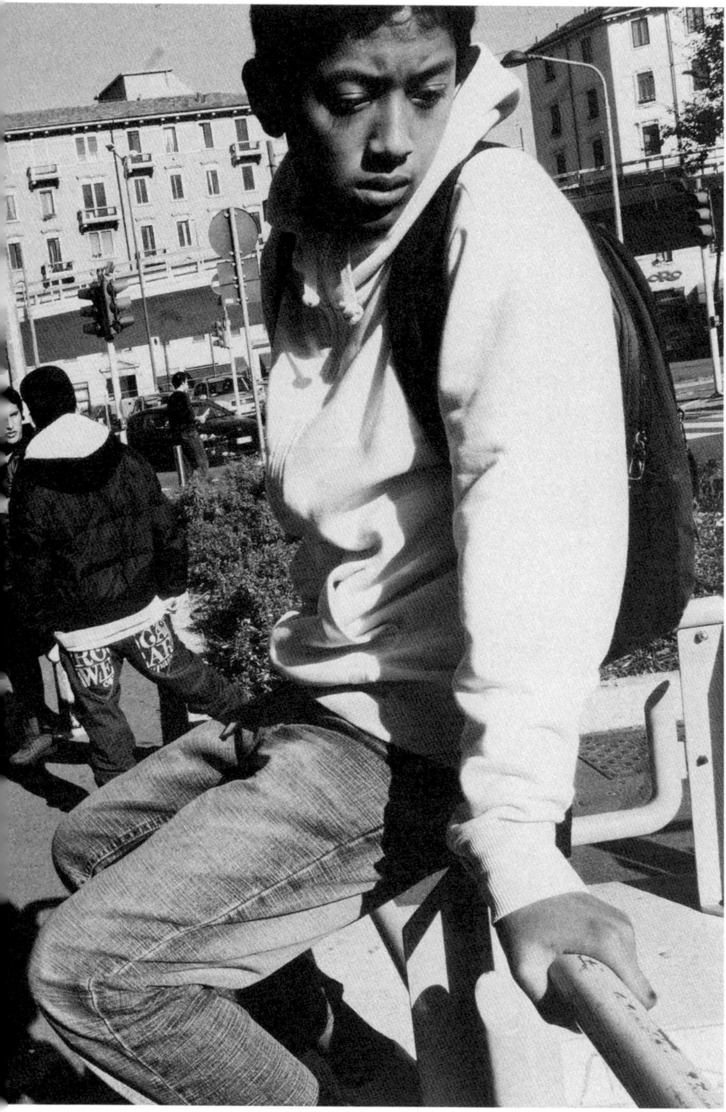

Vestiti, musica, palestra, cellulare, alcool. Ma, soprattutto, sigarette e ganja: se ne vanno in fumo tutti i miei soldi. Yuh nah see? Me bruk: sono squattrinato. E senza denare nun se cantano messe. Fuckin money. Fuckin system. Fuckin Babylon. Non avere un euro mi angoscia parecchio.

E non è che mi consoli guardarmi attorno. Che poi che c'è da vedere? Miseria. Sempre e solo miseria. Economica e umana. Le due cose se ne vanno a braccetto, come due dutty battybwoy: due sporchi froci. Anche se non ce ne sono molti di ricchioni qui intorno: potranno tenersi per mano, sbaciucchiarsi in mezzo alla strada, celebrare matrimoni addò vonno. Ma a Corvetto no: non possono farlo. A Corvetto: gay is not your way. E Corvetto comanda. Corvetto c'ha le sue leggi. Che non c'entrano nulla con quelle del resto del mondo.

I primi avvertimenti, a chi crede di poterci imporre qualcosa, glieli abbiamo dati nel maggio del 2006: le guardie avevano iniziato a controllare dei veicoli, noi gli abbiamo assaltato il comando di polizia locale. Poi ci siamo tenuti in allenamento.

In piazzale Gabrio Rosa un disabile si è lamentato perché gli avevamo investito il cane, noi l'abbiamo massacrato con la sua stampella. Nella discoteca Karma un buttafuori ci ha negato l'accesso al privé, noi l'abbiamo crivellato di colpi di pistola. In piazzale Ferrara i nordafricani cercavano di rubarci il bizniz della droga, noi in corso Lodi gli abbiamo bruciato otto motorini a sfregio. Memba me tell yuh: così vanno le cose, così devono andare.

Infine lo scorso agosto, proprio nel punto dove, nel 2006, avevamo riempito di botte un uomo che se la menava perché c'era uno scooter parcheggiato sul marciapiede beh, esattamente lì, quattro anni dopo, a furia di calci abbiamo spappolato la faccia a un marocchino che cercava di spacciare dentro al nostro territorio: è intervenuto un vigile, per fermare il paliatone, salvare l'immigrato e ammanettare uno dei nostri, ma se l'è vista brutta perché prima l'abbiamo circondato in venti e poi l'abbiamo abbuffat 'e mazzate.

È riuscito a scappare, ma ha capito chi comanda: Corvetto comanda. E Corvetto simme nuje. E quando dico nuje non intendo che qualsiasi cosa facciamo ci sto sempre pure io, i an i, fisicamente, con gli altri, wi 'n' dem. Ma se non ci sto con il corpo ci sto con il cuore e con la capa: emotivamente e mentalmente.

Finché vivo qui tirarmene fuori mi è impossibile: per uscire dal gruppo devo uscire dal quartiere. Come dice un mio cardascio, l'mc Cisky: "Non puoi vivere nell'immondizia e pensare di profumare la sera". Insomma: chi dorme c' 'o cane nun s'aiza senza pullece. E io mi gratto parecchio.

Mi a-go lef inna di morrows: io me ne vado domani. Ormai ho fatto il mio tempo, in questo spazio. Devo schiodarmi da qui. Qui è tutto e niente. Pure i confini di questa zona stanno dint o' core e dint a' cap da gent: no dint o' munno.

La geografia di Corvetto non dipende dalle regole topografiche ma da quelle dello spaccio: le uniche cartine che usiamo sono le rizzla che ci servono per far su una canna. Preferibilmente di sinsemilla. Anche se di erba buona non se ne trova più molta. In giro oramai ci sta solo del fumo dibby dibby, a' chiaveca: a volte cercano di venderti pure del sabbione. Dunque pure rilassarsi risulta problematico.

E dire che questo quartiere è sempre stato uno delle massime centrali di smistamento. Non solo di auto e di moto rubate, commercio in cui ci avvaliamo di validi collaboratori come gli zingari, ma anche e soprattutto di droga, business gestito fin dai primi anni '70 dal clan dei siciliani, che hanno fatto della zona il loro feudo, oggi pericolosamente invaso dagli africani, in prevalenza tunisini, marrucchin' e eritrei, che ci stanno circondando: venendo a smazzare nelle nostre strade. Ma non solo: anche venendo a vivere dentro le nostre case, venendo a vendere dentro i nostri negozi e venendo a studiare dentro le nostre scuole. A quelle, però, non è che siamo poi così attaccati.

Io ho fatto le elementari e le medie in via Polesine. Ne sono uscito più di dieci anni fa. Adesso in quel tunnel c'è finita Marzia, la sorellina di Frankie, mi bredda. Vado con lui a prenderla all'uscita, ogni tanto: quando suo padre lavora e sua mamma dorme. Suo padre fa il becchino e sua madre si droga: entrambi, a modo loro, flirtano con la morte. Se sono nel mondo dei vivi, si presentano davanti alla scuola della figlia. Se non possono: ci andiamo io e lui.

C'è da dire che non sono niente male le dodicenni. Alcune sembrano decisamente più sgamate di molte mie coetanee, anche se probabilmente te la fanno annusare e basta. E a me non piace lavorare di olfatto, tanto meno di fantasia.

Però a scuola mi dicevano che ero parecchio creativo, e prendevo sempre ottimo in arte: al prof piacevano un botto i miei quadri astratti. Invece Marzia disegna continuamente le Winx: non si possono vedere i suoi scarabocchi. E comunque lei ha dei bei voti un po' in tutte le materie.

Però 'o mmeglio, nella sua classe, so' gli stranieri: che tengono lo stress che i loro vecchi hanno fatto un sacco di sacrifici per venire in Italia a lavorare e quindi i figli, per essere all'altezza dei parents, studiano comm'e pazzi. Mentre, in zona, gli italiani, se devono prendere esempio dai loro genitori, possono anche chiudere i libri e andarsene tranquillamente in strada. On the road ma per davvero, altro che quelle fricchettonate alla Kerouac.

Noi da guagliuncielli in strada ci stavamo in continuazione. E la strada non sempre è the road to Zion: la via che ti conduce alla terra promessa. Se in strada ci rimani ad oltranza yuh ina big choble: so' cazzi acidi. Inizi a fregartene di tutto e alla fine spegni il cervello, pensi di non avere niente da perdere perché credi di non poter avere un futuro migliore. E per ammazzare il tempo talvolta ammazzi gli altri o te stesso. O distruggi o ti autodistruggi. Qualcosa di buono non lo fai sicuramente.

Molti, per evitare l'asfalto dei marciapiedi, se ne vanno a pazzià all'oratorio e altri, invece, restano in casa a guardare la tele: che sembrano agli arresti domiciliari peggio dei loro padri. Mentre noi ci chiudevamo nelle cantine dei palazzi, che avevamo trasformato in studi di registrazione oppure facevamo hip hop nel Polo Ferrara, in una stanza del centro polifunzionale del Comune. Adesso nelle cantine ci sono nuovamente i sorci che scorazzano e il Polo Ferrara è tornato ad essere un parcheggio per vecchi e piccerilli. Ma, fino a quattro anni fa, la musica era il nostro sarvamiénto: ci faceva evaporare o' n'tas, scavallare la noia e sboccare la rabbia.

Io ho smesso di cantare e ballare con gli altri pecché aggia fatica' pe' campà. Tutte le sere, eccetto oggi che è lunedì, lavoro come cameriere in un locale. Adesso le mie sound machines se ne stanno in camera, vicino ai letti, tra gli scatoloni che utilizziamo al posto degli armadi. Un tempo per suonare usavo i dischetti e i piatti, poi ho venduto tutto per accattarmi il computer e il serato: le tunes me le scarico direttamente da internet e l'hard disk me ne tiene uno sfracello. Mixo in casa, per me stesso, non per gli altri. Con le cuffie appicciate alle orecchie: nei timpani mi rimbombano solo reggae vibes. Irie: quando sto così mi sento bene, comme nu pascià. Anche se con la musica non ci ho fatto un mestiere, però mi è rimasta una passione forte. Ne ho bisogno, per vivere.

Alcuni di noi invece hanno svoltato, fanno i dj nei locali o sono diventati dei rapper. Si raccontano usando beat e rime, su ritmi sincopati, imitando i nigga. Cercando di fotterli nel loro territorio, visto che loro, il nostro territorio, pure quello illegal, ce lo stanno già fottendo da mò: nu piezz a vota.

Ma prima che gli africani arrivassero qui a ondate, come uno tsunami che tutto travolge, tutto sconquassa e tutto devasta, beh prima del loro avvento a gestire quasi tutti i traffici illeciti della zona ci stavano solo loro: gli uomini di Cosa Nostra. Però la situazione mò sta cambiando: who colt de game. Today is bad bad bad: nuttin nah go right. E quando ci sta aria di burrasca è meglio correre ai ripari: viento 'e mare, va' t'arrepàre. Qua il vento soffia forte e il mare si sta alzando. Inutile fare i fessi.

Un anno fa, circa, hanno arrestato don Gaetano Fidanzati, il boss che per coprire 'e n'trallaz aveva aperto un negozio di tessuti in via Romilli. Ma già prima, nel 2002, sempre in via Romilli, la polizia aveva scoperto in uno scantinato il laboratorio di un imbalsamatore che raffinava cocaina tra gli animali impagliati.

Io, però, mi tengo lontano dalla bianca: sono un rasta, e parlo pure patois. Ma non ce la faccio a non bere alcool, a non fumare sigarette e a non mangiare carne. Tengo i dread: aright, d'accordo. Ma non sono un fondamentalista come i bobo, che se li tengono nascosti sotto il turbante: io li lascio a vista, sciolti sulle spalle o arrotolati sulla testa. In ogni caso non sniffo, e nun arrubbo neanche: rasta no pick pocket. Ah mi nuh gravelicious: e non sono manco avido. D'altronde: si mangia pe' campà nun si campa pe' mangià. Quindi anche se in metropolitana ho trovato un paio di stivali che costavano una cifra invece di rivenderli li ho restituiti alla proprietaria. 'Na femmena assurda, tutta preoccupata. Fi real pappy-show: era davvero ridicola. Chissà cosa pensava che potessimo farle: io, mammà, pateme, sorema, frateme e nonneme.

All a dem a me fambly: loro sono la mia famiglia. Il primo a trasferirsi a Corvetto è stato mio padre, poi l'abbiamo raggiunto io, mia madre e mia sorella e alla fine ci ha seguito pure mio nonno. Arriviamo tutti da Scampia, ma qui ci sentiamo a casa: questo quartiere, con Scampia, è pure gemellato. Ovvio che ci sta il feeling con la gente del posto: qua sta pieno di terroni.

Mio fratello, invece, is bawn-ya: è nato a Milano. Adesso tiene quattro anni, magari diventerà un bauscia. All'inizio non lo sopportavo: ci mancava solo a lui, con i suoi pianti continui, le sue poppate notturne e i suoi pannolini fetenti. Già vivevamo in cinque in poco più di trenta metri quadri che, di pigione, paghiamo centocinquanta euro al mese. Per avere un ingresso che fa anche da soggiorno, camera, pranzo e cucina, un bagno con i sanitari, i rubinetti, gli scarichi e il boiler rotti e una stanza matrimoniale con due materassi appoggiati sotto un letto a soppalco. Ok che addò magnano doje ponno magnà pure tre ma, in tutta ospitalità, il sesto coinquilino non capivo proprio dove potevamo metterlo. Certo era piccerillo, occupava poco spazio, ma sarebbe diventato capiente. Infatti lentamente ha iniziato a crescere: a parlare come un umano, a mangiare seduto a tavola, a fare la cacca nel cesso. E a stare in piedi da solo. Chiaramente: creep before him walk, prima ha strisciato e poi ha camminato. Meglio strisciare poco e camminare molto. Lui così ha fatto: è un really rude boy taglia xs, un vero guappo in formato ridotto. Ultimamente poi mi è diventato pure simpatico. Adesso io e 'o frate mio, mi beenie bredda, giochiamo assieme a calcio, in cortile e per strada. Non lo porto ancora al campetto di basket perché è troppo basso per centrare il canestro.

Him ah nuh badderation, lui non è un problema. Il problema è la casa: mi yard. Ormai non ci stiamo più là dentro. Facciamo la fila anche davanti al bagno: quando piscio sto talmente 'n penziero che rischio di schizzare dappertutto, perché so che fuori c'è sicuramente qualcuno che aspetta il suo turno per entrare a farsi la doccia o a lavarsi i denti. E se di notte voglio alzarmi pe' me fa' 'na birra, prima devo stare attento a non stroppiare a mia sorella mentre scendo dal soppalco, poi devo scivolare silenziosamente di fianco ai miei che dormono lì sotto con mio fratello e alla fine, per aprire il frigo, devo riuscire a jumpare il nonno che dorme sul divano-letto.

Il nostro non è un appartamento: è un percorso a ostacoli, dentro na' caiola di mattoni rotti. Fatta di spifferi d'aria, vetri spezzati, persiane divelte, muri scrostati, macchie d'umidità, porte scardinate e balconi sgarrupati: tenuti su con lo sputo.

Ogni volta che mamma va ad asciugare all'aria il bucato mi stupisco che rientri in casa invece di scapezzarsi in mezzo al cortile: morta stecchita tra la pianta spelacchiata, a' munnezza puzzolente e le biciclette rubate. Non sarebbe un bel vedere il suo cadavere immerso in una pozza di sangue, con ancora il grembiulino allacciato in vita, la molletta per appendere i panni in una mano e i miei boxer sgocciolanti dint'all'ata. Fortuna che non stende di notte, quando il cortile si trasforma in una piazza di spaccio: con i pusher che sfunnacano e i tossici che accattano. Mia madre lì in mezzo sembrerebbe una santa, fuori luogo come la statuetta della Madonna che sta vicino al portone d'ingresso. Dovrebbe proteggerci, ma secondo me non ha mai avuto voglia di farlo.

I dipendenti di Dio so' cchiu' sfatecati degli impiegati delle Poste, forse perché anche loro tengono un principale che non dà il buon esempio. Ci fosse l'ufficio reclami starebbe intasato di esposti.

Io tengo un problema. Choble nuh nice: avere un problema non è bello. Il problema è la casa. Ovviamente nessuno mi ha mai aiutato. Ho dovuto fare affidamento solo su me stesso per risolverlo. Quindi domani me ne andrò da qui, ma per farlo dovrò lasciare anche la famiglia mia. Solo a pensarci mi sento 'na chiavica: mi nuh feel good. Loro mi mancheranno un casino.

Mi fadda si fa un culo così tutto il giorno: a caricare e scaricare casse all'ortomercato, ovvio che ogni tanto cerchi di arrotondare il guadagno, peccato che poi quando lo beccano finisca in carcere. Mi madda dalla mattina alla sera si occupa di noi e dell'appartamento, il fatto che abbia un debole per il gin mi sembra il minimo, solo che a lei piace il Tanqueray e invece può permettersi solo il Bosford. Mi sista ogni tanto fa le pulizie negli alberghi ma in realtà sta cercando lavoro come segretaria, però nessuno se la piglia dato che sembra più 'n uomme che 'na femmena, ha i capelli completamente rasati tipo malata di tumore all'ultimo stadio, si è tatuata il nome di due suoi amici morti sul coppino e ha il viso sfregiato da una coltellata: l'ha tagliata una sentinella a cui lei non voleva pagare il pizzo per poter entrare in un palazzo. Il giorno dopo si è comprata un pitbull bianco e beige affettuosissimo che la segue ovunque: l'ha chiamato Iena. Ha fatto bene a prenderlo: rat a cut bottle, anche un topo quando se la vede brutta ha bisogno di qualche vetro rotto per potersi difendere.

Pure mi grampa c'ha avuto i suoi guai. Condivide con noi quei pochi spiccioli di pensione che gli danno, però questo mese non ha potuto farlo: qualche sera fa è rimasto a casa da solo perché non aveva voglia di venire fuori con noi a mangiare una pizza, dei tipi hanno bussato alla porta, lui ha aperto che tanto basta darle una spallata per farla venire giù, quelli so' entrati, stavano incappucciati, gli hanno legato le braccia dietro la schiena, l'hanno fatto inginocchiare e l'hanno picchiato sulla testa. Per derubarlo, non solo del cash ma anche dei documenti. Mò ha delle fratture sul collo, e sta tutto curvo: sembra che i suoi ottant'anni gli pesino ancora di più sulle spalle. Però non li ha denunciati: "Non ho il fegato" ha detto calando gli occhi, quando ci ha raccontato quello che gli era successo.

Comunque non può essere stata gente del Corvetto. E in ogni caso qui chi parla è considerato un informer, e dunque un infame. Conviene stare zitti. Anche se in quel momento avrei voluto urlare a tutto il mondo: "Maga dogs!". Ma poi non l'ho fatto: lo sfogo di un attimo me lo sono ricacciato in gola per sempre. Dato che quello che pensi sia giusto adesso, in seguito può risultare sbagliato. Wha sweet nanny goat ah go run him belly: il cibo che a una capra sembra buono oggi può farle del male domani. Non conviene essere un chatty chatty: 'o chiacchierone alla fine la paga sempre. E chi se fa e' cazze suoje campa cient'anne: chista è filosofia, dammi retta. Nah miss it: ricordatelo.

"Non mi rivedrete mai più qua! Me la cavo da solo! Vi ringrazio molto, e che vi pesi sempre sulla coscienza!", dice Alex in *Arancia meccanica* ai suoi genitori. Per quel che mi riguarda non ho davvero nulla da rinfacciare a mia madre e a mio padre: nun sputo 'ncielo ca 'nfaccia me torna. Anzi. Non penso proprio che sia colpa loro se viviamo in questa scarrafunera.

Per cambiare appartamento alla svelta l'unica cosa che potevamo fare era quella di rivolgerci a quelli che gestiscono il racket delle abitazioni. Gente italiana, da cui è meglio stare alla larga: de wata is dutty so don't play inna it, quando l'acqua è sporca non ci si gioca dentro. Così i miei hanno fatto richiesta al Comune: continuano a dirgli che prima o poi ci trasferiremo nelle case nuove, vicino a Porto di Mare, praticamente di fianco alla tangenziale, in un appartamento più grande e più bello. A peer rumors ah gwan: sono solo parole che girano dint'a l'aria. Siamo qui da anni: a promise is a comfort to a fool, una promessa è una comodità per uno sciocco. An wi nuh bawn back a cow: e noi non siamo stupidi, lo sappiamo che nisciuno c'aiuta.

D'altronde è sempre stato così, ed è così per tutti: soprattutto per quelli che abitano in questo quadrilatero di Corvetto, chiamato quartiere Mazzini. Più che un rione, un fortino. Con gli edifici tutti uguali, alti quattro piani, appiccicati gli uni agli altri e raccolti intorno a grigi cortili centrali. In pratica viviamo ammassati sui bordi di un gruppo di scatole senza coperchio: che se le facevano in cartone erano più resistenti.

Il mio vero incubo però è il dormitorio pubblico. Pensi che non ti possa mai capitare e invece all'improvviso può succederti. Anche quando ti senti abbastanza tranquillo. Trouble no set like rain: bisogna stare sempre attenti.

Everyting crash: ne sa qualcosa mi bredrin Enzo. Il padre era scomparso da tempo. La madre aveva conosciuto un ragazzo più giovane di lei: una mattina è uscita con 'sto tipo too yute e non è mai più tornata. Se per scherzo gli dicevamo: "Figlie e' 'ntròcchia", Enzo non si arrabbiava neanche. Era rimasto solo: non orfano, ma quasi. Sembrava ne andasse fiero. Si atteggiava da badbwoy, faceva il cattivo ragazzo. Però poi non è più riuscito a pagare l'affitto ed è andato a vivere al Parco delle Rose: ai primi freddi non ce l'ha fatta ed è finito nella casa d'accoglienza comunale di viale Ortles.

Non è molto lontana da qui, così sono andato a trovarlo: mi sono fatto a piedi tutto viale Brenta, una colata di asfalto e di cemento riempita da molte macchine, qualche persona e una manciata di negozi, ho superato il parco giochi per bambini dove ho visto solo vecchi cenciosi mollati per strada come i pacchi della spazzatura a Napoli e alla fine, avendo già fatto il pieno di angoscia, sono arrivato da lui. Teneva lo sguardo strano. Mi aspettava davanti all'entrata. Ci siamo dati il cinque. Poi l'ho abbracciato forte.

"Yuh black up today?", gli ho chiesto. "No: manco una canna", mi ha risposto.

Ho tirato fuori cartine, erba e grinder, mi sono dedicato allo sminuzzamento, all'impasto e al rollaggio. Chi l'arricc l'appicc non vale mica sempre: infatti ha acceso lui. Ci siamo fumati 'sto spliff sulla scalinata d'ingresso.

"Vuoi vedere la mia camerata?", mi ha chiesto. Non ce l'ho fatta: "Un'altra volta", gli ho detto. Magari la sua camerata era più grande di casa nostra, mi viene in mente ora: guardandomi intorno. Marò che ansia, nun ce voglio penzà.

Adesso poi c'ho da sbrigarmi. Me haffi touch di road: tengo la fregola di prepararmi. Uscirò a prendere una birra con mi fren Frankie e porterò fuori a cena mi dawta Valentina. La festeggerò così la mia ultima notte in Corvetto: solo che speravo di essere in splendida forma, invece mi ritrovo stanco e nervoso come non mai. Forse perché non ho potuto fare quello che volevo: tek mi time an bunks mi res, prendermi il mio tempo e schiacciare un pisolino. Tutta colpa di quella menata degli stivali: un vero intralcio, non ci voleva. Per fortuna quella scoppiata se li è pigliati velocemente e se ne è andata subito. Aoah, è proprio scappata: invece di scendere è ravanata giù dalle scale. Mi pareva 'na slavina, ma almeno si è tolta ambressa ambressa di torno.

Mio padre, mia madre, mia sorella, mio fratello e mio nonno stanno già magnanne: per una volta che nessuno mi pressa, non posso neanche fare le mie cose tranquillo. Sto tutto solo davanti allo specchio ma così agitato non riesco a sistemarmi bene i capelli con l'uncinetto: prima o poi me li raserò, da vero badman, oppure mi farò le treccine attaccate alla testa, tipo Sean Paul. Troppa sbatta i dread, se non vuoi che facciano schifo devi curarli continuamente.

"Tony: vedi ca' te sona o' telefon!", mi dice mio padre. Frankie è già sotto casa. "Braa: tan deh, sto arrivando!", gli urlo al cellulare.

Esco dal bagno e mi fiondo in camera, passando davanti a tutta la family riunita a tavola.

"Stai in ritàrd eh?", mi dice mia madre. "Marò, mà, num me scuccià", le rispondo infastidito.

Cercare i vestiti arravugliati negli scatoloni è un po' come ravanare nell'immondizia in cerca di cibo: trovi un sacco di cose inutili, prima di beccare quelle che ti servono veramente. Però queste possono andare: sneakers Adidas customizzate, jeans Rocawear, t-shirt Ecko Unltd, felpa Puma Bolt, giaccone Nike Jordan. Anello, sempre lo stesso: oro di bologna, col Jah lion. Come bling bling, appeso al collo: medaglione con il ritratto di Hailé Selassié. Mò puozzo ascì.

Frankie mi accoglie battendosi il pugno sul petto. "Bella zio", mi dice. "Yow bredda: come anhh!", gli rispondo. "Dove andiamo?", mi chiede. "In via Ravenna?", gli domando. "Non ci muoviamo da Corvetto eh?", commenta. "Mi debbo spicciare che tra poco aggia passà a prendere a Valentina". "È un addio?". "Macché, mica ci lasciamo. Però 'a lucerna senz' uoglie se stuta: così, visto che domani mi trasferisco, volevo portarla a mangiare in un bel posto". "A whey?", mi chiede. "Ho prenotato in centro", gli rispondo. "Blow wow: fai le cose in grande fratello!".

"Beh qui intorno non ci sta più niente di decente", gli dico. "Ma c'è mai stato?", mi domanda. "Che ne saccio? Forse no. Questo quartiere tiene quasi un secolo, all'epoca io manco ero nato", gli rispondo. "Perché: io sì? Ma poi secondo te il Mazzini è così vecchio?", mi chiede. "Cu ya! Ti pare giovane? Weh yuh a seh! 'Sti casermoni popolari dell'Aler li hanno messi su nel 1920: fai te che da allora non li hanno mai ristrutturati e poi ci stupiamo che si stanno sbriciolando", gli rispondo. "Mbè, dai, alcuni sono stati messi apposto", mi dice. "E quanti? Due? Tre? Mi sa più due che tre". "Ce ne stanno però che tengono le impalcature". "Sì: da una vita. Coodeh: hai mai visto lavorare qualcuno lì dentro?", gli domando. "Nisciuno", mi risponde. "Ecco, appunto. La mia comunque non l'hanno mai toccata: faceva schifo quando sono arrivato, fa schifo adesso che ci abito e farà schifo anche quando me ne andrò, immagino", gli dico.

"E i tuoi che faranno: resteranno qui?", mi chiede. "Sperando che nessuno se la spii, vogliono allargarsi buttando giù una parete per occupare l'abitazione di fianco: è vuota da mò, anche se minacciano di darla a una famiglia di rom sgomberata dal campo di via Triboniano", gli spiego. "Azz: pure 'e zingar ci mancavano annoi", commenta.

"Non è che già che ci sei ti prendi pure il mio soppalco?" gli domando. "Ecché me ne faccio?", mi chiede. "Ci dormi, bro". "Ma alla tua famiglia non serve?". "Terranno delle stanze in più, mica ne avranno bisogno. Lo vuoi o no?". "No, grazie: qualsiasi cambiamento a mia madre la può mandare in panico", mi dice. "Ommerda: meglio non turbarla a quella. E tua sorella, invece, come sta?", gli domando. "Lei bene. Però la preside ha minacciato di chiamare i servizi sociali", mi risponde. "E pecché?", gli chiedo. "Per toglierla ai miei, se non si riprendono", mi dice. "Storia pesa". "Storia e 'mmerda". "Mi spiace". "Pur'a me: vire ca simme arrivati".

Via Ravenna è imbruttita come al solito. Come tutto il rione Mazzini. E anche lei, di notte, si illumina solo con le lampadine gialle dei lampioni, i fanali bianchi delle auto, i riverberi bluastri delle televisioni, i lampeggianti azzurri della polizia e le luci al neon di quei pochi locali che ci stanno. E che mò devono chiudere pure a mezzanotte, perché i polytricksters c'hanno messo sotto heavy manners: c'abbiamo pure il coprifuoco e l'esercito, a Corvetto. Non ci manca davvero nulla: bomborasclaath! Così, se per caso trovi un posto dove fingere di fare festa, devi andartene come se fossi una sfigatissima Cenerentola, magari evitando di perdere pure la scarpetta come a quella sfasata di una donnetta che è appena passata da me a riprendersela cagandosela pure sotto.

In via Ravenna di locali ce ne sono due, appollaiati come corvi nella notte uno di fianco all'altro, sullo stesso marciapiede. Uno è il bar di Naima, 'na vecchia marrucchina con i capelli tinti di rosso e gli occhi marcati di nero che se ne va in giro in tunica e ciabatte come se si trovasse ancora a Casablanca: da lei ci trovi solo gli immigrati.

"Allora: dove ce la beviamo 'sta birra?", mi chiede Frankie. "Dai bungo non se ne parla", gli rispondo. "Potremmo anche": fa il possibilista. "Ma non vedi che gente che c'è lì davanti": faccio il realista. "Donkya: se noi non scassiamo il cazzo a nessuno nessuno lo scassa a noi", mi dice. "Vabbuò, mettimmela accussì: non tengo voglia di etnico", gli spiego. "Ok: mai lasciare la strada vecchia per la nuova", commenta. "È che 'sto posto proprio non mi piace", concludo. Non mi piace molto neanche quell'altro, ma non è che posso scegliere.

Così ci buttiamo dentro il Moonshine, un locale con due vetrine oscurate. Una tappezzata di teli tibetani, l'altra bendata da una saracinesca: pare che una notte sia stata sfunnata da una macchina. Magari per caso, magari gli hanno voluto cacciare un dito in un occhio: tipo avvertimento. L'interno è illuminato da candele, profumato dagli incensi e arredato con tavoli in legno alti e bassi: ci si può sedere sulle panche, sui cuscini o sui tappeti. Noi ci accomodiamo su due seggiole. Le pareti sono rivestite di immagini induiste, manifesti della beat generation e murales a tinte psichedeliche: un trip d'arredamento. Noi ci mandiamo giù una pinta di Tennent's.

"Gwey?", gli chiedo. "Già te ne vuoi andare?", mi domanda. "Sì: passo a casa, prendo lo scooter e volo da Valentina", gli spiego. "Contento tu: io resto qui e me ne faccio un'altra", mi dice. "Every hoe ah dem stick a bush", commento. "Già, a ciascuno il suo: a te la femmena e a me la birra. Gwaan go maas: vattene và. E fatti vedere presto: sentirò la tua mancanza". "Che ti metti a fare il maama man proprio adesso?", gli chiedo. "No omo: giassai", mi risponde. "More: bella lì!", gli dico. E me ne vado.

Io e Valentina ci siamo messi insieme in terza elementare. Lei mi prendeva la mano e mi diceva "Facciamo che sei mio marito" e io mi ricacciavo la mano in tasca e speravo che nessuno l'avesse sentita. Poi la mollavo da sola, e tornavo a giocare con i miei amici. Da allora è diventata mia moglie: nun ce simme chiù lassate. Simmo comme tazza e cucchiare: sempre assieme. Sarà my baby mother: me la vedo già tutta breed, che si accarezza la pancia dicendomi "Senti, amore: tira i suoi primi calcetti" e mentre il piccolo Tony le caccerà una gran pedata nello stomaco io le appoggerò una mano ferma e sicura sopra a l'ombelico per fare capire anche a lui chi comanda in famiglia. Il padre comanda.

Però adesso lei abita ancora con i suoi genitori, in via Marco d'Agrate: nella Corvetto che ci sta abbastanza dentro, dove gli edifici sono tutti degli scuri palazzi anni '50, ma non vivi certo la cazzimma del quartiere Mazzini.

Is real: pure dalle sue parti è pieno di blakka. Anche perché proprio vicino a dove abita, all'angolo tra via Passo Pordoi e via Quaranta, ci sta la moschea: quell'enorme capannone era un ex magazzino, lo hanno addobbato con dei tristissimi festoni di carta colorata che non si usano più neanche alle sagre di paese, e ne hanno fatto una gabbia di musulmani. Lo utilizzano come centro sociale e luogo di culto: entrano, chiacchierano, pregano, escono e poi fanno apprezzamenti pesanti alla prima donna italiana che incontrano. Con le loro sorelle non si comportano così: le rispettano. È solo con le nostre che ci vanno giù pesante. Valentina però non la molestano più di tanto: perché ha i capelli neri, la pelle olivastra, è di costituzione minuta ed è piatta comme na' tavola 'e pont. Loro le preferiscono bionde, bianche, grasse e zizzone. So' sfizi.

Gli immigrati della zona, quando non vanno avanti e indietro dalla moschea, stanno attaccati alle panchine in legno dei giardini come se fossero dei tarli o stanno piantati sopra ai marciapiedi davanti ai palazzi come se fossero delle impalcature. Ma a chi se fa pontone 'o cane 'o piscia 'nguollo: dunque meglio muoversi. Solo che a 'sti quashie sembra che rimanere fissi gli piaccia. Le sole cose che fanno facile sono sfottere le signorine e intrallazzarsi in sporchi traffici. Oltre a bere e fumare, fi real. Ammetto che un po' ci assomigliano, e non è che ci piaccia vederci riflessi nei loro specchi.

Invece li incontriamo evah 'n' everyweh, sempre e ovunque: pure nel Bowling Corvetto, un locale aperto più di mezzo secolo fa proprio nel seminterrato del palazzo in cui abita la mia donna. Solo che i gargiumma lì li filtrano: gli permettono di fermarsi solo nel mezzanino, dove ci stanno le slot-machines. Ogni tanto, mentre scendo di sotto, li guardo. Stanno boccheggianti dietro al vetro come pesci in un acquario: passano il tempo a rincoglionirsi fissando stupidi disegnini rotolanti e ascoltando alienanti suoni metallici, sperando di veder scrosciare qualche manciata di monetine. Loosa: falliti sono e falliti resteranno. Nel piano inferiore dove andiamo noi, invece, ci sta il bowling ma pure il flipper, il ping-pong, il biliardino e il bar: qui di nagah non ce n'è, il posto è controllato ventiquattro ore su ventiquattro dalle telecamere e per giocare a qualsiasi cosa devi mostrare un documento d'identità. Gli unici immigrati ammessi in questa zona sono i filippini: quelli però stanno tranquilli. Emanano anche delle positive vibes: sarà che arrivano con le loro donne e i loro bimbi, mica solo uomini arrapati e incazzati.

Vado spesso al Bowling, con Valentina o con gli amici, quando non so cosa fare: Corvetto non è che offra molto altro, hanno chiuso anche il McDonald's e il Blockbuster.

Certo: c'è il Parco delle Rose, quello che per qualche giorno è stato la casa di Enzo. Io però lì, da quando il cielo gli si è fatto soffitto e la terra gli è diventata pavimento, non riesco ad andarci più. Ci vanno gli altri: a sballarsi fino all'alba mixando svariate sostanze su piste techno dentro la discoteca Karma. E ci vanno i sudamericani: stanno sui pratoni, a farsi grigliate a base di carnazza, birra e radio a palla, con tutta la famiglia, appena fa un po' caldo. Io invece, al Parco delle Rose, ormai non ci vado neanche più a giocarci le partitelle, perché ovunque mi giro ci vedo l'immagine di Enzo, sotto un albero e tra l'erba. Che è peggio che vederselo sottoterra. Anche se adesso, Enzo, chissà dov'è e chissà come sta: non ho più avuto sue notizie.

L'ultima volta che sono uscito con lui, quando non teneva più una famiglia ma teneva ancora l'appartamento, eravamo andati a berci una cosa all'Arci Corvetto. E già lì dovevo capirlo che le cose non gli stavano andando per il meglio. Perché per dirmi "Andiamo a berci una cosa all'Arci Corvetto" non doveva stare benissimo. Di testa, ancora prima che di soldi: 'a cervella 'e ll'ommo è 'na sfoglia 'e cepolle, purtroppo. Fesso io che gli ho risposto: "Ok".

Lo sapevo che quel posto è un covo di sfigati: si riempie di operai e di impiegati chini sulla pasta al sugo in pausa pranzo e si anima di vecchietti che ballano il liscio quando suona l'orchestra il sabato sera. Lì dentro a gente come noi gli si appiccica addosso una puzza di normalità d'altri tempi che temi ti sia entrata nelle vene ancora prima di potertela raschiare via dalla pelle.

Però il peggio è venuto dopo, quando mi ha riaccompagnato a casa e prima che entrassi nel cortile mi ha detto: "Ehi, Tony, passiamo da Sherazad a farci un cocktail?". "Sì scemo?", gli ho chiesto. "Che te ne fotte", mi ha risposto.

Io a Enzo non riuscivo a dirgli "No" neanche volendo. Era il mio idolo da quando io ero piccolo e lui era grande: io c'avevo nove anni e lui tredici, lui mi ha passato una sigaretta e mi ha detto "Fatti un tiro, guagliuncello" e io gli volevo rispondere "Nun tengo genio" e invece me la sono messa in bocca, ho aspirato, ho pensato "Prima vomito e poi svengo", ho tenuto duro, ho fatto una nuvola di tabacco e gliel'ho ripassata e gli ho detto "Grazie" ed ero tutto emozionato sul serio. Da quel momento noi siamo diventati amici e io ho iniziato a fumare.

Anche quella sera gli volevo rispondere "Nun tengo genio" e invece sono entrato da Sherazad, che è un locale di africani che hanno aperto due anni fa proprio davanti al mio palazzo, al posto di una vecchia autofficina. Se leggi quello che c'è scritto sull'insegna pensi che sia un ristorante e un coffee shop, roba da Amsterdam a Corvetto, invece stiamo solo a Corvetto quindi stu posto è semplicemente un bar, in stile orientale, con il bancone in legno e i divanetti damascati, la clientela tutta araba che gioca a carte, guarda la televisione o chiacchiera bevendo the Lipton e birra Heineken. Non è un locale da Tony e meno che meno da Enzo, ma invece lì siamo finiti io e Enzo. E siccome ci guardavano tutti strano, per fargli capire chi comanda, non ce ne siamo stati zitti, tutti imbarazzati, in un angolo ma ci siamo messi a parlare con il proprietario, tutti sfaccimmi, davanti al banco. Parlare non è esattamente la parola giusta: quello d'italiano ne conosce poco, gli viene meglio con il francese. Chill's'attigg' e s'amarigge, ma 'o conoscon' a Parigi? Nun penzo proprio. Così abbiamo provato a comunicare in inglese. Lui avrà più o meno la mia età: era tutto ingellato e curato, si sente ancora chiù chicazzo di noi.

Quando sono rientrato a casa e ho parlato di 'sto tipo a mia sorella lei mi ha detto: "Non è solo figo: ha pure uno sguardo dolce e furbo che farebbe impazzire a qualsiasi donna". Ogni volta che la vedo, mi sista, anche se la conosco da sempre, mi è difficile pensare che possa essere 'na femmena. "Sai che mi ha raccontato che a Rabat, dove è nato, è stato campione di full conctat e ha lavorato come parrucchiere in un negozio? Adesso mi spiego quel corpo pazzesco e quel taglio di capelli", ha civettato. "Yuh no dun yet?", le ho chiesto. "Ch'e ritte?", mi ha risposto. "Hai finito?", le ho domandato. "Pecché?", mi ha detto. "Svomo", ho concluso. Non pensavo che lo conoscesse, tantomeno che gli parlasse. Il fatto che lei avesse frequentato quel posto mi dava un'idea di spaesamento: come se troppo di quello che mi stava vicino e che avrei dovuto avere sotto controllo mi stesse sfuggendo.

Comunque a Corvetto non c'è locale che tenga: dove vai vai è tutta 'na affezione. I bar stanno davvero assenecati, roba che possono sostenere solo gli amanti del trash. E le baddest yard, i peggio posti, sono i due che si trovano in piazzale Ferrara, all'angolo tra via dei Panigarola e via Pomposa, proprio davanti al mercato comunale che non frequenta più nessuno e che verrà demolito ambresso ambresso: c'ha più serrande abbassate che alzate, i negozianti giovani tengono cinquanta anni ed emanano una malinconia assurda. L'unico che ci sta dentro è il ferramenta-calzolaio di taccoexpress, un vecchietto basso, pelato e cecato che lavora in un bugigattolo di venti metri quadri, immerso tra chiavi, scarpe e cinture e ascolta musica latino-americana sparata a tutto volume da una scalcinata radiolina old style. Ma pure lui da qua se ne vuole andare, perché dice che in zona non c'è più fatica.

L'aria di disfatta si sente in tutto il quartiere. Quasi tutti i commercianti, infatti, hanno già cominciato ad abbandonare la nave prima che affondi: lasciando i loro locali agli immigrati, che poi sono anche gli unici che se li pigliano. Ma non è che rendano l'atmosfera più allegra: càgnano 'e musicanti, ma 'a museca nun cagna mai. In più tieni sempre e comunque la sensazione di vivere in culo al mondo, mentre stai a soli tre chilometri dal Duomo. Sei quasi in pieno centro, ma abiti in una periferia mutilata. Che cade a pezzi come il patrono del quartiere: "El signurun", una enorme statua del Cristo benedicente, la mano monca sul braccio destro e una croce in legno sul braccio sinistro, in pratica una divinità in disfacimento, piazzata sulla punta di una terrazza angolare, all'incrocio di via San Dionigi.

Proseguendo lungo questa strada, tra basse case di ringhiera e alti casermoni popolari, intervallati da roulotte di zingari e sprazzi di verde, dove però tra i cespugli incolti al posto degli alberi crescono i piloni dell'elettricità, prima di arrivare all'Abbazia di Chiaravalle si incrocia l'associazione Nocetum: una casa d'accoglienza per mamme single in difficoltà, ricavata dentro un vecchio rudere ca' primme era abitato dai malavitosi e adesso è stato ristrutturato da un gruppo di suore. Ogni tanto Valentina va lì a lavorare come volontaria: pulisce e cucina, parla con le donne e gioca con i bambini. Fa quello che può. È overo 'na tetella 'e còre. Anche se nessuno la controlla: ma a cavallo 'e razza nun serve 'a frustra.

Sua madre è 'na bella femmena, un po' svampita e fa la cassiera al supermercato, suo padre è un uomo imponente, tutto di un pezzo e fa lo scaricatore di porto: quindi non c'è mai, sta sempre a Genova. Valentina è piuttosto libera, può uscire e rientrare a casa quando vuole. Però, nonostante questo, è sempre stata una goodas: 'na guagliòna di impeccabile reputazione. Infatti non beve, non fuma e non si droga: le minigonne, le scollature o i tacchi li mette solo quando usciamo insieme, che quando va in giro con le sue amiche porta i pantaloni larghi, le maglie a girocollo e le scarpe piatte incollate al suolo. Si è pure iscritta all'università: fa Lettere e vuole diventare una scrittrice. Dice che nella vita ognuno di noi deve lasciare un segno: lei pensa che il suo sia fatto di inchiostro su carta. Contenta lei: io con i fogli dei libri al massimo ci faccio gli aeroplanini per giocare con mio fratello che c'ha una passione per le cose che volano alto. E infatti lui le ali non le abbassa mai, neanche se tiene torto. Im too hard of aise: è veramente testardo. E appena qualcuno gli fa qualcosa che lui considera un'ingiustizia tira pugni, dà calci e si mette a strillare come un matto: forse gli ho fatto ascoltare troppe volte *Get up, Stand up* di Bob Marley.

Sono arrivato sotto casa. Ravano nelle tasche: niente. Bloodclaath: ho dimenticato le chiavi dello scooter nell'altro giaccone. Salgo. Spingo la porta ed entro: è nu manicomio. Tutte le luci stanno appicciate. Mio padre e mia sorella non ci sono, il nonno è già sdraiato sul divano che è diventato un letto e mia madre tiene in braccio mio fratello che piange.

"Wah gwaan: ch'è succiess?", le chiedo. "Guard!", mi urla, indicandomi il tavolo. Ci stanno ancora tutti i piatti sporchi appoggiati a tutt'e parte, e sul pavimento ce ne è uno rotto con un cuofano di cibo spappolato intorno. "Chi è stat?", le domando. "Pinuccio", mi risponde mamma accarezzando mio fratello per tranquillizzarlo. "E pecché?", le chiedo. "Ci faceva schifo: ha ritte 'Puah' primm' e' scputà chell ca tenev 'mmoc e ghittà 'o riesto ncopp'o pavimento".

C'ha ragione, penso. Anche lui evidentemente non la regge la sbobba che ci regala il Gruppo San Vincenzo. Io comunque non ci vado più in parrocchia a ritirare il pacco: me cyaan, non posso. L'ultima volta, che poi era anche la mia prima volta, agge aspittato chiù 'e 'n'ora, assieme a una trentina di persone alla deriva, dei veri buguyaga: pochissimi italiani vecchi, moltissimi immigrati giovani. Io mi sentivo che non c'entravo nulla con loro, tutti con il capo chino e l'atteggiamento rassegnato, che appena li ho visti mi ha assalito un odore di sfiga che mi è venuto di tapparmi il naso. Poi alla fine è arrivato il mio turno, ho aperto la porta con il cartello con su scritto "Gesù vi accoglie tra noi: nel suo nome, siamo tutti fratelli" e ho pensato che manco per niente quelli che stavano lì con me erano mi bredrins e mi sistas e mi sono seduto su una scomoda seggia impagliata davanti alla Madonna con il ninno e di fronte a un'anziana con la faccia d'arpia. Quella mi ha chiesto come mi chiamavo e dove abitavo, non contenta ha pure voluto vedere il papiello e alla fine mi ha mollato la busta che ci sarebbe dovuta bastare per un mese con dentro pasta, fette biscottate, riso, biscotti, grana, burro e latte a lunga conservazione. Poi all'improvviso, dalla porta d'uscita e senza fare la fila, è entrata una ragazza in tuta e sneakers e la vecchia le ha detto: "Ciao, Carlotta: ti aspettavamo", allungandole un pezzo da cinquanta. A quel punto io non mi sono tenuto e ho chiesto: "Ma pecché a chesta ci date l'argiamme?". E l'anziana con la faccia d'arpia mi ha risposto: "Ha un marito pregiudicato e sette figli piccoli". Boots no coil: preservativo non denaro, dovevano regalarle. A Valentina io le ho fatto prendere la pillola, così faccimmo ammore quando vogliamo, senza sfornare piccirilli in giro: che mò mica ce li possiamo permettere.

"Mà: io vac". "Tuorna ambress". Le ho dato un colpetto sulla testa e ho azzeccato un bacio sulla guancia a mio fratello. Sono uscito. Sopra al mio scooter mi sentivo libero e leggero: assaporavo la sensazione che mi avrebbe dato l'indomani andarmene. Ho guardato un muro, sopra ci stava scritto: "Corvetto comanda". Mi è venuto in mente il ritornello di un gioco che facevo da piccolo: "Strega comanda color?". Rosso come il sangue, nero come la paura, bianco come l'omertà: mi sono risposto. Gli occhi, nun 'o sacce pecché, mi si sono riempiti di lacrime. Volevo farmi un'altra birra ma ero già in ritardo.

Sono arrivato davanti al Bowling, sotto casa di Valentina: le ho citofonato, con il viso diversificato dal pianto. È scesa e mi ha detto: "Ti trovo bene". A' guardat' 'e pann' ca tenev' ncuoll: no comm' stev. "Sto una merda", ho chiarito. "Non direi", ha ribattuto. Le ho ficcato la lingua in bocca giusto per farla finita. "Ehi, piano, almeno spostiamoci da qui", mi ha detto, tutta timida, guardando verso le finestre del suo appartamento. Pensava che sua madre stesse lì a spiarci. Nu marrucchino che ci stava osservando, lui per davvero, ha alzato una bottiglia di Beck's in segno di approvazione nei nostri confronti. "Sì, leviamoci di torno", le ho detto. Si è seduta dietro di me: è accussì n'cavat cà manc' e' zizz m'sent' aret' e' rin. Ho messo in moto e ho impennato leggermente: direzione Porta Romana, dovevamo farci tutto corso Lodi per arrivarci.

Abbiamo superato una serie di vetrine italiane, cinesi, indiane, sudamericane, bengalesi e arabe mentre io pensavo al Fuma, che abita dietro uno di quei portoni in legno scuro di una di quelle vecchie case di ringhiera, in un bilocale al piano terra che si arape su un cortile di ciottolato, piante, biciclette, ballatoi, fiori e antenne paraboliche.

Il Fuma era una vita che non andavo a trovarlo, da quando avevo iniziato a rosicare troppo perché i suoi genitori gli avevano regalato quell'appartamento. E iss' nun facev' manc' 'o cazz, da mattina a sera, apparte fumare. E apparte andare a fare compere nei negozi italiani, cinesi, indiani, sudamericani, bengalesi e arabi che gli stavano intorno e apparte guardare il cortile di ciottolato, piante, biciclette, ballatoi, fiori e antenne paraboliche che gli stava davanti. Infatti è bufu-bufu, tipo bong belly pickney: un bambino goloso che ha mangiato troppo. Ok, è vero: me too red eye. Del Fuma sono troppo invidioso: non ce n'è. Ma è meglio 'a 'nvidia c' 'a pietà.

Torno a guardare la strada. Corso Lodi a quest'ora è a tutti gli effetti una rambla. Io però, la sera, da solo, lì nun c' vac: sudo. 'O corridoio pedonale centrale che separa le due corsie di traffico laterali, appena fa buio, viene usato come 'na piazza e si riempie di sudamericani. Mentre sfreccio di fianco a loro con la mia femmena aggrappata alla schiena come fosse un Invicta, li osservo 'a luntano. I latinos, quelli giovani, so' tutti vestiti uguali, streetwear ovviamente, oversize pure, in giallo e nero soprattutto: a rappresentare la luce e il buio, che stanne sempre assieme. Lo so bene pure io, senza dovermelo dipingere addosso per ricordarmelo, e lo sanno bene pure loro, che nelle contraddizioni ci sguazzano. E quindi fanno brutto, pecché ammescan' à merd' cà ciucculat': mbrugliann l'acque. Non è solo che si riempiono di alcool e di droghe, dicendo che nun se po' ffà, ma è anche che così fatti si prendono collera e aggrediscono, e se con una mano impugnano un'arma di sicuro con l'altra tengono stretto un rosario. Il lato buono della faccenda è che di solito si azzannano tra di loro, una gang contro l'altra: prima o poi si autoelimineranno. In ogni caso io però, la sera, da solo, lì nun c' vac: sudo. Se proprio ci tengo ci vado in gruppo: no one cyaan test wi. E loro a noi non ci scocciano, perché sanno bene qui chi comanda. E chi cumanna nun suda.

Faccio una svolta ed entro in via Benaco. Sto allungando apposta il percorso. Temo che il passato, andandomene da qui, diventi solo nu vuoto 'e memoria. Tengo bisogno di accozzarlo di ricordi, in modo che stia ben attaccato al presente e nun se ne fuje appresso al futuro. E quest'incrocio di strade mi funziona parecchio, perché è un back in the days continuo.

Con il Fuma venivo proprio in questa via e mi sedevo proprio su questi gradini: a bere birra comprata in un bar di musi gialli e a mangiare i formaggi accattati al Centro della mozzarella, per farci un aperitivo, dando le spalle all'hammam Sahara e guardando il consolato cinese. Mi sa che il Fuma qui ci viene ancora: nun ten nu cazz a che ffà. Io però probabilmente non ci verrò più.

Adesso sono in via Lorenzini. A sinistra ho l'ex scalo ferroviario mentre ncopp a' destr ce stann' e catapecchie:

quando ero piccolo mamma tutte le domeniche mattine mi portava a passeggio, avanti e indietro per questa strada, a guardare un fottio di bancarelle che mi sembrava vendessero solo ammucchiamenti di roba vecchia, brutta e scadente. Io le servivo, pensavo, per superare le paure e le timidezze sue. Con le sue dita intrecciate alle mie, lei trent'anni e io una decina, riusciva a fare quello che da sola non avrebbe fatto mai: mischiarsi agli estranei, di ogni razza, sesso ed età, e rovistare per ore nella loro mercanzia. Comprava di tutto, in preda a un entusiasmo e a una fregola che non le ho più visto, non solo nelle mani ma neanche dentro agli occhi.

Tornavamo portandoci a casa, come bottino, degli antichi costumi teatrali, dei ferri da stiro a vapore o delle scomode sedie in legno. Non ci servivano a niente, però a lei piacevano. Io ero anche un po' soddisfatto che mia madre volesse me, e non mia sorella, per accompagnarla a fare questi acquisti che sembravano le sue marachelle. E poi prima di rincasare, come premio, mi portava sempre a mangiare qualcosa: o all'aperto, e in quel caso mi toccava il cous cous preparato per strada dagli ambulanti o al chiuso, e in quel caso invece ci facevamo un piatto di trippa seduti dentro l'Hostaria Tajoli. Io ero cuntento 'o stesso. Poi, all'improvviso, al mercato di via Lorenzini non ci siamo andati più: papà se 'ncazzava quann mamma jettava e' sold accussì. E comunque, adesso, anche qui è tutto diverso.

Oggi, la domenica mattina, questa è una via come un'altra: vuota e silenziosa, triste. Il mercato nel '98, dopo dieci anni di permanenza, è stato spostato nel parcheggio della metropolitana di San Donato: il posto dove se proprio ci tieni puoi andare a cercare la tua bici, dopo che te l'hanno arrubbata.

Sono tornato di nuovo in corso Lodi: sopra la linea

d'ombra che divide il centro dalla periferia. Il divario è marcato da un ponte: lo scalo Romano.

Alla mia destra, di fianco a me, ci sta l'ex stabilimento della stazione ferroviaria che mò è diventato un bar che se la tira: gruppi di ragazzi tutti belli apparecchiati ascoltano un dj set ca t'assorde 'e recchie, 'mbriacandosi con quintali di cocktail.

Alla mia sinistra, sotto di me, c'è un'enorme spianata di verde incolto, rotaie arrugginite e baracche sparpagliate: un luogo abbandonato a se stesso e trasformato in una favela a cielo aperto, dove ormai da anni vivono centinaia 'e persone. Mi viene il pensiero brutto di trovarci Enzo.

Inchiodo, scendo dallo scooter, attraverso il vialone e guardo giù. Veco sta' gent cà nun se manten allert: parono muort, me fann pena. C'è chi scompare dint'e cespugli, chi si trascina lungo binari morti e chi sgattaiola dentro a capannoni diroccati: da un piccolo varco in un muro esce un anziano ingobbito, raccoglie da terra una confezione di bottiglie di acqua e la porta dentro la sua casa a forma di grotta. Fuori, tra cocci di vetro e tegole rotte, ci stanno dei panni stesi su una corda di nylon, dei materassi accatastati uno 'ncopp'a l'altro e delle pentole ancora sporche di cibo. C'è anche un ragazzo, che fruga tra i rifiuti, ma non può essere Enzo.

Torno subito verso il motorino, mi accorgo che Valentina mi sta aspettando, seduta sopra al sellino, con le gambe a penzoloni, le braccia incrociate e il casco sulla testa: mi ero quasi dimenticato di lei. Le dico: "Scusa", lei mi sorride e io riparto.

Facciamo piazzale Lodi, quasi ci investe la 90. Che qui arriva al capolinea suo, dopo aver girato intorno a Milano, pigliann' e' ghittan', arravugliann' tutt' cose: mischiando carni e sudori. Dai finestrini si intravvedono i suoi passeggeri: anche si miett'a fuoco lo sguardo per individuare l'oggetto estraneo in un gruppo omogeneo, come in un gioco della settimana enigmistica, difficilmente nel mazzo degli stranieri ne acchiappi uno italiano. Di sera non ce n'è, questo filobus si trasforma in una carrozza per il trasporto speciale di immigrati: badanti rumene e colf filippine, fioristi indiani e pusher maghrebini, albanesi molesti e rom elemosinanti. Sembra una succursale del baretto del Leoncavallo: senza birra e senza musica, l'effetto rottamaio amplificato a mille.

Scatta il verde, la 90 gira a destra e nuje jammo a sinistra, passando davanti al cinema Maestoso: della sua presunta solennità iniziale, da quando nel 2007 l'hanno chiuso, non rimane proprio nulla più. Adesso sta lì, in disfacimento, dimenticato come se fosse inutile, umiliato dall'invasione dei nuovi multiplex. Ma in questa sala cinematografica, quando era ancora funzionante, bella e grande, da ragazzino c'ero venuto a vedere *8 Mile*: o' protagonist 'ro film era Eminem, nu mostre. Interpretando se stesso, raccontava la sua vita e parlava della sua zona e quindi spiegava cos'è 8 Mile, la strada malfamata di Detroit che divide il quartiere bianco dal quartiere nero. È stato lì che ho capito che io stavo vivendo nella 8 Mile di Milano: solo che all'epoca sembrava tutta bianca e nunn'era ancora mezza nera.

Superiamo le terme di Porta Romana. Mi piacerebbe venirci un giorno con Valentina, magari per festeggiare il nostro anniversario: felici e innamorati, a farci il bagno nelle piscine, a tonificarci sotto le cascate d'acqua e a rilassarci nelle vasche idromassaggio. Lei però manco c'ha la prima e con il due pezzi è ridicola: par' 'na creatur' che vò ffà a femmena. "E allor' miett't sol e' mutandell'", penzo.

Però poi la situazione diventa veramente imbarazzante:

ogni volta che tengo Valentina mezza nuda di fianco io, sia in privato sia in pubblico, mi eccito, non posso farci niente, mi succede da quando eravamo piccoli. Solo che, adesso che sono adulto, è tutto più complicato. L'unica volta che siamo andati al mare assieme l'ho portata a Riccione, per un week-end devasto con gli amici, ma quando era sdraiata di fianco a me sull'asciugamano putevo stà sulo a pancia sotto. "Spostati che se no trivello la sabbia", le dicevo. Lei rideva, ammiccando. Forse n' cap a ess' c'agge fatt nu compliment.

Sono entrato in via Orti, una strada stile vecchia Milano. Ho parcheggiato proprio davanti al ristorante Lacerba. E per la prima volta, mi sono accorto di come era vestita Valentina: giubbino, minigonna e stivali alti fin sopra il ginocchio con il tacco di almeno dodici centimetri.

"Rhaatid: cosa diavolo ti sei messa?", le ho chiesto. "Che r'è: non ti piaccio?", mi ha domandato. "Altroché: mi attizzi. Solo che non avrei mai pensato che tu potessi portare a un paio di scarpe come a quelle là". "Pecché? Non vanno bene?". "Vanno da Dio, anzi: avrei potuto regalartele". "Overament?", mi ha domandato. "Fi sure!", le ho risposto. "Beh: io ti ho comprato una cosa, la tengo qui". "Dammela dopo". "No, mò". "Ok".

Ha tirato fuori un pacchetto di carta rosso giallo e verde. "Tecchete", mi ha detto. L'ho scartato: dentro c'era il tam, un cappellino rasta della Jah Army. Una bellezza, ma io non mi coprirò mai i dread, neanche per amore. L'ho infilato nella tasca posteriore dei jeans: usciva un po' fuori, faceva la sua figura.

"Cum ya!", le ho detto. Mi ha messo un braccio intorno alla schiena e con lei che mi sculettava di fianco siamo entrati nel ristorante. Ci è venuto incontro un cameriere imprigionato nella sua divisa da bucky. "Ho prenotato: Tony per due", gli ho detto. "Prego, accomodatevi", ci ha risposto.

Valentina mi guardava estasiata mentre andavamo verso il nostro tavolo. Mesàle e sarviette bianche, colonne in pietra e pareti rivestite di manifesti futuristi: 'sto posto è una sciccheria vera, roba da stoshus. Ci siamo seduti uno di fianco all'altro: avrei preferito averla di fronte, che messi così quando mangiamo c'è il rischio che ci tamponiamo i gomiti. In più potevo guardarla solo di sbieco, mica dritto in faccia, ma che buò fà: si nun può mangia' carna, accuntientete d'o brodo. Questo comunque era un ristorante di pesce.

Ci hanno portato il menu e nell'attesa ci hanno servito l'antipasto: un gamberetto fritto arravogliato in una striscia di zucchina, che se ne stava minuscolo e sperduto, in un piatto enorme. L'abbiamo sbranato in un attimo. Poi ci hanno chiesto se avevamo scelto. A Valentina le sbarluccicavano gli occhi: ha ordinato antipasto, primo, secondo, contorno e dolce. Io mi sono limitato a un'insalata di mare e a un rombo con gli asparagi. "Da bere?", ci hanno domandato. "Una bottiglia di Traminer", ho risposto.

Appena ci hanno lasciati soli, girando la faccia a quarantacinque gradi, le ho chiesto: "How yuh nyam so much?". "Parla in italiano, ammore, che lo sai che io 'o patois nunn'o capisco". "Ma come fai a mangiare così tanto?", le ho domandato. "Sembra tutto buonissimo: nun agge resistito", mi ha risposto. "Basta che poi non sbocchi", ho commentato.

Stu fatt c'adda vummecà chell ca s'magn è proprio nu cacamient e' cazz, soprattutto quando siamo in luoghi pubblici. Che magari la gente pensa che va in bagno a farsi una riga, e invece ci rimane tre ore solo perché è china con due dita in gola sopra alla tazza del cesso.

Avevamo finito. "Ci porta pure due grappe?", ha chiesto

Valentina. "Che tipo?", le hanno domandato. "Fate voi", ha risposto. "Ma tu di solito non bevi", le ho detto. "E ti sei già scolata più di mezza bottiglia di vino", ho aggiunto. "Un digestivo però ci stava tutto", mi ha risposto. "Almen nun m'è vummcat' n'cuoll", ho commentato. "Smettila", ha ribattuto. "Alla salute", le ho detto, dopo che ce le avevano portate, facendo cin cin con lei prima di ingurgitarle. "Al tuo trasloco", mi ha risposto, facendo cin cin ma senza guardarmi negli occhi: questa, per me, era un'offesa vera. "Perché non mi hai guardato negli occhi mentre facevi cin cin?", le ho chiesto, infoiatissimo, con la faccia che mi si appicciava, le vene che mi esplodevano e la voce che mi si alzava. "T'aggio guardato", ha ribattuto. Una menzogna così non la potevo tollerare.

Ho pagato, ci siamo alzati, siamo usciti e le ho fatto una piazzata che se la ricorderà per la vita. "Io sono tuo complice ma tu non sei mia complice", le ho detto. L'ho vista che stava per mettersi a piangere. "Tea tar toe, zeen? Non giocare con me!", ho sbraitato. "Ma che dici ammore, si' asciuto scemo?", ha piagnucolato. "Dunno. Taci: mi would rada yuh talk to mi. Fatt' accattà 'a chi nun t'sape", ho concluso. I bruck out. Volevo solo tornare pon di ends, che domani mi dovevo svegliare presto. E trasferirmi: see yah Corvetto! Porta Venezia aspettami: me ah come!

Porta Venezia è stata la prima casbah di Milano: da più di vent'anni i gargiummi si riversano qui. E infatti ce ne sono una morra. Ma ormai dov'è che lo trovi un posto senza nigga? Nuhwhey: a nisciuna parte. Comunque chisto is a likkle place: abbastanza spassuso e vagamente underground. Incasinato e malavitoso il giusto, quindi per me è perfetto. Certo, nuh gorgon: non è esattamente un luogo da favola. Anche se ci sta un'atmosfera esotica, che si scalda soprattutto sul tardi: quando in giro trovi più gente che nelle mani ha un cocktail, piuttosto che una ventiquattrore.

Anche perché di posti dove andare qui è pieno: dentro questo intreccio assolutamente perfetto di vie, che a Napoli te lo scordi perché noi abbiamo l'ammuinna e teniamo Spaccanapoli mica la scacchiera e la circonvalla neh?, beh qui è tutto un negozio, un ristorante e un bar. Hai solo l'imbarazzo della scelta: tra locali di e per stranieri e locali di e per italiani, ma poi ogni tanto vedi che si mischiano anche. Cioè di solito sono gli italiani che se ne vanno nei luoghi di e per stranieri ma alle volte capita pure il contrario.

C'è poi un posto esagerato, tutto sicchettoso, dipinto nelle diverse tonalità del marrone: quasi in tinta cu 'a pelle d'o proprietario, che è un senegalese. Qui incontri solo bella gente, italiana originale: di stranieri quasi niente. L'unica volta che ci ho incrociato un maghrebino mi è sparito il cellulare: un iPhone a cui tenevo un sacco. Lo sto ancora pagando a rate, anche se non lo tengo più in tasca. Cho! Che ammosciamento. Solo a pensarci mi sale il nervoso.

Io andrò a vivere quasi di fianco a quel bar, in via Panfilo Castaldi: nel centro della movida. Sotto casa tengo tutto quello che mi serve: un supermercato, una tabaccheria, un indian shop, un bazar eritreo e un sushi take-away. Poi, vicinissimi, ci sono anche dei negozi di streetwear niente male.

Per la sera vedrò che fare: lo Zoom non mi dispiace, tiene uno scantinato con le volte in mattoni addò spesso fanno musica, di solito mettono funk ma a volte propongono anche del reggae. Non è certo un passa passa ma tanto ormai il reggae a Milano è morto: vammelo a trovare un vero bashment, finiti i tempi di Pergola tribe e dell'Acqua potabile, ci rimane solo quella paturnia del Leoncavallo.

Ormai per divertirsi si può solo sperare in un buon Wodka Sour: guaje fatto, remmedio aspetta.

Poi c'è anche il Mono che a Katia, che è la mia migliore amica e che da domani sarà anche la mia coinquilina, piace un sacco: solo che quest'ex torrefazione è il quartier generale dei ricchioni milanesi. Uomini col polso rotto e la voce stridula. Bangarang, è un vero casino. Io lì ci vado solo quando lei mi ci trascina, dicendomi che il posto è bello e che i cocktail sono ottimi. L'accontento esclusivamente per non sentire 'e chiacchere suoje, tipo: "Non puoi giudicare le persone dai loro gusti sessuali". Io però, quei locali, preferirei non frequentarli. Mentre ogni tanto per colpa sua ci capito dentro, e allora lei me la tengo stretta al fianco giusto per nun creà equivoci.

L'altra sera c'era anche un'altra donna, in quel posto, che non sembrava assolutamente lesbica: era una bella bionda, che fisicamente se li portava bene i suoi anni, solo che c'aveva un'espressione decisamente sfortunata. Anch'io comunque non c'avrei avuto nulla da stare allegro se fossi stato in compagnia del suo uomo: a boottu, nu tipo curto e chiatto e cafune, che conosco di vista. Cè stanno uòmmene, uommenicchie, uommenone, e quaquaraquà: chillo è proprio nu quaquaraquà. Impossibile non notarlo quando viene in Corvetto a prendere la coca scendendo dalla sua Bentley Continental GT nuova di pacca.

L'abitazione in cui mi trasferirò è al secondo piano di un palazzo del primo '900: doveva essere bello assaje, anche se adesso è vecchio assaje. Non è che stia messo benissimo, però non è neanche un caseggiato popolare. Certo qui uno pieno di soldi non ci vivrebbe mai. Ma non è che mi accontento, per me questo è già molto: wanti wanti can't get it getti getti no want it, 'e ricche comme vonno 'e pezziente comme ponno. Io, adesso, posso questo.

Sul nostro pianerottolo da un lato ci sta una famiglia di eritrei e dall'altro uno sconosciuto artista omosessuale. Campa e fà campà non è mai stato il mio motto ma da come butta in questa zona dovrò farci l'ausanza.

Il nostro appartamento è di sessanta metri quadri: siccome simme in quattro, sulla carta ad ognuno di noi spettano quindici metri quadri. Ma non sarà proprio così: l'ingresso, la cucina, il soggiorno e il bagno sono in comune, però ogni ambiente ha la stanza sua. Le camere da letto sono due, io la dividerò con Katia: è lei che mi ha dato la dritta per venire a vivere qui. Pigliate 'o buono quanno vene ca 'o malamente nun manca maje, ho pensato. Così ho colto la palla al balzo. D'altronde a buono cavallo nun le manca sella.

Io e Katia ci conosciamo fin da quando eravamo piccoli, che le nostre mamme sono molto amiche e allora noi due ci trovavamo spesso a giocare insieme, in casa o ai giardinetti, mentre loro facevano rumors come due zitelle sposate. Poi siamo cresciuti e siamo diventati molto diversi, sarà anche che lei ha studiato un sacco e io molto meno. Comunque nonostante tutti i libri che si è letta adesso fa l'istruttrice di nuoto per bambini: all'American Contourella di piazza della Repubblica.

Una bella palestra, non troppo uptown ma nemmeno eccessivamente roots. Che, in più, sta a dieci minuti a piedi fram mi cris ends: da casa ci arrivo in un attimo. Prima di iscrivermi ho fatto un giorno di prova gratuita: ooman is biscuit, tutte strizzate nelle loro tutine sportive mentre mon is slabba-slabba, passano il tempo a farsi e a guardarsi i muscoli. Ovviamente anche lì ci sono i battybwoy, uno scandalo: li trovi già pronti all'approccio umido e scivoloso, tutti madidi di sudore, che ti fitteano dalla sauna e dal bagno turco. Luoghi che cercherò accuratamente di evitare: d'altronde a me interessano soprattutto le macchine, i pesi e la piscina. Così, visto che c'era una promozione, l'ho presa a volo: every mikkle makes a muckle, un soldo risparmiato è un soldo guadagnato. L'abbonamento annuale m'è custato sulo quattrocentocinquanta euro. Certo ci potrò andare unicamente dalle sette alle diciassette ma non è che me 'mporta molto dato che io dalle diciotto alle due lavoro in un bar di piazzale Bacone, abbastanza vicino alla mia nuova casa e non molto lontano dalla mia nuova palestra.

Porto bevande alcoliche ai tavolini: otto ore in piedi con dei bicchieri in mano, che non posso neanche scolarmi. E chista è 'na vera scucciatura. Ma sto in un gran bel posto, tiene stile. Anche lì però non è tutto oro chello 'ca luccica: chicken merry hawk near deh. Infatti vedi delle boopsie che si fanno pagare tutte cose dai boops. Io non ci starei mai, con una di quelle: non solo perché non me lo potrei permettere ma anche perché non riuscirei a fidarmi. Mi prefa mi dawta: one love. Valentina non la cambierei mai con un'altra. A new broom sweeps clean, but an old broom knows every corner: una scopa nuova pulisce bene, ma la vecchia scopa conosce ogni angolo. In più, si sa: 'a scopa nova dura tre ghiuorne. E aropp fete, comm' 'o pesce.

Eravamo arrivati sotto casa di Valentina. Ho inchiodato, sono restato sullo scooter e l'ho fatta scendere. "Mi scarichi così?", mi ha chiesto. "E che vuo' fà, ancora?", le ho domandato. "Che ne so, magari una passeggiata". "Per Corvetto? Romantico", le ho detto. "No: sui Navigli o in Brera. Posti di quel tipo", mi ha risposto. "E magari alla fine andiamo anche ad ammirarci la madonnina in piazza del Duomo?". "Bello sarebbe: che ddici, si fa?". "Dico che domani mi voglio svegliare presto, quindi adesso ti saluto". "Eddai". "Lef mi nuh: devo andare". "Mi viene da piangere". "Bawl". "Che hai detto?", mi ha chiesto. "E chiagni", le ho risposto. "Tieneme ca te tengo", ha singhiozzato. Non la reggo quando fa così. Ho riacceso il motore. Non l'ho baciata, non l'ho neanche guardata mentre apriva il portone. Sono ripartito, e basta. Mi no dogheart: non sono un uomo senza sentimenti. Dressback: forse ne ho troppi.

Casa era tutta ripulita, buia e silenziosa. Mi sono mosso come un gatto, per non accendere la luce e per non fare rumore. Non volevo disturbare nessuno. Cease and sekkle: stop e relax, erano le uniche cose di cui avevo bisogno. All'alba mi sono svegliato che nella mia strada stavano montando il mercato. Abbiamo fatto colazione tutti assieme: poi mia mamma, mio papà, mia sorella e mio nonno, armati di martelli, hanno iniziato a buttare giù la parete pe' trasì dint'a l'appartamento di fianco. Intanto mio fratello giocava a ricomporre sul pavimento i primi calcinacci che cadevano dal muro.

"Ma proprio adesso avite ffà stu fatte?", gli ho chiesto. "Mò ci sta casino, nessuno si accorgerà del fracasso che stiamo facendo", mi ha risposto mia sorella. "Astuti", ho commentato. "Volete una mano?", gli ho domandato. "Nì, fatt 'e fatt tuoie che te ne stai jenn. Ma a te chi t'ajut?", mi ha chiesto mamma. "Katia", le ho detto. "Statti attento". "A che?". "A chella femmena". "Easy nuh: rilassati, non c'è problema". "E nun te scurdà e liev' a' miez' stu soppalc". "Quando?". "Mò mmò!". "Devo?". "Sì". Pure questa mi ci mancava. "Ok, feel nuh way", l'ho rassicurata. Ci ho messo più di un'ora a smontare quel letto. "Ma ò trasloc o facit c'ò mezz?", mi ha domandato mia mamma. "No, ca' machina". "E quale?". "La sua".

Verso le nove Katia mi ha telefonato per dirmi che aveva parcheggiato in piazzale Gabrio Rosa. La mia strada era intasata di bancarelle e di persone. Tutti che alluccavano, camminavano, guardavano, toccavano, provavano, compravano e vendevano. Sono sceso con in mano alcuni pezzi del soppalco e ho trovato Katia davanti allo stand di una ragazza marrucchina, fasciata testa-piedi dentro un abito nero, che esponeva vestiti da cerimonia per bambini: smoking con scarpa in vernice nera per i maschi e abito da cocktail con ballerina tacco due per le femmine.

"Devi fare un regalo a un baybee?", le ho chiesto. "Ehi, man: buongiorno! No, no: guardavo e basta". "Allora tieni, aiutami", le ho detto, passandole due travi in legno. "Ma che è 'sta roba?", mi ha chiesto. "Il mio letto a soppalco", le ho risposto. "E dove pensi di metterlo?". "Nella nostra stanza". "Cioè?". "Cioè: io ci dormo sopra". "E io dovrei dormirci sotto?". "È un problema?". "Direi: soffro di claustrofobia". "Quindi?". "Quindi non se ne parla, prendi 'sto coso e riportalo da dove è venuto". "Non posso". "E allora carichiamolo in macchina e poi facciamo in modo di sbarazzarcene". "Potremmo venderlo". "A chi?". "Che ne sacce: ci starà pure qualcuno che ne ha bisogno". "Ok: per adesso 'sti legni possono finire in cantina".

All'una abbiamo finito il trasloco. Agge abbracciato stretto a mio fratello, agge accarezzato la schiena a mio nonno, agge schiacciato il cinque a mia sorella, agge spiaccicato un bacio sulla testa a mia madre, agge dato una pacca sulla spalla a mio padre. "T'aggia 'mpara' e t'aggia perdere", mi ha detto. "Io per voi ci sarò sempre", ho risposto.

Hanno ripreso a buttare giù la parete. Lì ho lasciati tra polvere e rumore: la mia vita, fino a mò. Galang hole yuh cahna: bisogna andare avanti tenendo la posizione. Alle due ero nel mio nuovo appartamento, tra mille robe da riordinare: un buon inizio.

Alle due e mezzo ho chiamato Passatel e ho lasciato un annuncio: "Regalo soppalco Ikea a chi se lo viene a prendere". Seguivano nome, numero di telefono e indirizzo. Alle tre mi ha chiamato una donna, Paola Rossi, che mi ha detto che entro un'ora sarebbe venuta da me a ritirarlo.

Un pezzo di passato che se ne andava: non c'era più posto per lui, in questo nuovo luogo per me. Me deh ya, e qui resto. Ma si perde sempre qualcosa per lasciare spazio ad altro. Memba dat: fa paura, ma è così. Non dormirò mai più là sopra: d'ora in poi dovrò sognare con i piedi per terra.

Ringraziamenti

Grazie a: Ruben Sebastiani, Anna Maria Battistin, Stephen Kuruvilla, Silvia Azzari, Nando Vitale, Davide Bregola, Alice Ferrari, Pierpaolo Palladino, Ivan Manchisi, ToniBandulu, Aldo Piccato, Ingy Mubyai, Dario Carrano, LaSime, Carlo Zerbi, Gabriella Battistin, Paolo Battistin, Alessandro Corbari, Angelo Boriolo, Federico Lorenzini, Germana Bianco, Monica Pilotto, Caterina Picasso, Federica Melandri, Laura Capasso, Carlo Ramerino, Cristina Gerosa, Santo Lorenzo Marcandalli, Gionata Agliati, Gian Antonio Garlaschi, Prozio, Davide Sebastiani, Francesca Sfalcin, Yehya Abdel Kirem, Anna Marchesi, Anna Muzi Falcone, Yonas Tesfamichael, Giovanni Violetti, Massimo Latronico, Lella Trapella, Carlo Bonaconsa, Sergio Basso, Pier Franco Lionetto, Emilio Isgrò, Generoso Simeone, Gianni Lin e Luciana Vanzetti. E a tutti quelli che, in qualche modo, hanno contribuito a questo libro.

Annotazioni

Annotazioni

Annotazioni

Annotazioni

Annotazioni